주 의

- 이 책은 곤충들이 싸워서 상처를 입도록 하려는 것이 아니라, 배틀을 통해 곤충의 성질과 능력을 알아가는 것을 목적으로 한다.

- 이 책의 배틀은 가상으로 꾸민 배틀이며 배틀의 결과도 이 책에서 나오는 대로 승패가 난다고 보장할 수 없다.

- 이 책에 등장하는 곤충을 청코너, 홍코너로 구분하는 것은 승패의 표시를 보다 쉽게 구분하기 위한 것이다. 실제 권투 경기에서처럼 청코너가 도전자, 홍코너가 챔피언이라는 의미를 담고 있는 것은 아니다.

昆虫王 超絶バトル 大図鑑

Copyright © 2017 by Ono Hirotsugu, G.B.company
Original Japanese edition published by Takarajimasha, Inc.
Korean translation rights arranged with Takarajimasha, Inc.
Korean translation rights © 2017 by Glsongi Co., Ltd
Korean translation rights arranged with Takarajimasha, Inc.
Through Carrot Korea Agency

이 책의 한국어판 저작권은 캐럿 코리아 에이전시를 통한 저작권자와의 독점 계약으로 ㈜글송이에 있습니다.
저작권법에 의하여 한국 내에서 보호를 받는 저작물이므로 무단 전재와 무단 복제를 금합니다.

2025년 9월 20일 초판 15쇄 펴냄

감수 · 오노 히로쓰구
옮김 · 박유미

펴낸이 · 이성호
펴낸곳 · ㈜글송이

편집/디자인 · 임주용, 최영미, 한나래
마케팅 · 이성갑, 윤정명, 이현정, 문현곤, 이동준
경영지원 · 최진수, 이인석, 진승현

출판 등록 · 2012년 8월 8일 제2012-000169호
주소 · 서울시 서초구 능안말1길 1(내곡동)
전화 · 578-1560~1   **팩스** · 578-1562
이메일 · gsibook01@naver.com

ISBN 979-11-7018-387-7   74490
    979-11-7018-376-1   (세트)

*이 도서의 국립중앙도서관 출판시도서목록(CIP)은 서지정보유통지원시스템 홈페이지(http://seoji.nl.go.kr)와 국가자료공동목록시스템(http://www.nl.go.kr/kolisnet)에서 이용하실 수 있습니다.(CIP제어번호: CIP2017022712)

들어가는 글

★곤충왕★
토너먼트 배틀

가상 배틀로 만나는 곤충 도감!

현재 지구상에 살아 있는 생물 가운데 절반을 차지하는 곤충! 곤충은 환경에 적응하거나 자신을 보호하기 위해 작은 몸에 무시무시한 파워와 스피드, 그리고 특수 능력까지 갖추었다. 만약 곤충들이 자신의 모든 능력을 이용해 일대일 대결을 벌인다면 어떤 곤충이 우승할까? 지금부터 시작되는 토너먼트 배틀에서 곤충왕의 주인공을 확인해 볼 수 있다. 이번 배틀은 가상 배틀이지만 곤충들의 특징, 능력, 습성 등 정확한 지식을 바탕으로 구성하여 어린이들이 곤충에 관해 학습할 수 있도록 했다.

규 칙

① 배틀 상대는 추첨을 통해 정한다.

② 배틀 출전 곤충은 그 종에서 평균 크기의 수컷으로 정한다.

③ 암컷의 전투력이 수컷보다 뛰어날 경우, 암컷이 출전한다.

④ 두 출전자의 체격, 몸무게 등에서 큰 차이가 있더라도 약한 쪽에 유리한 조건을 부여하지 않는다.

⑤ 배틀 무대는 곤충들의 실제 서식지와 관계없이 정하며, 양측 어느 쪽에도 크게 불리하지 않도록 정한다.

⑥ 날씨, 기온, 수온 등의 배틀 환경도 양측 어느 쪽에 큰 불이익을 주지 않도록 정한다.

⑦ 주행성 곤충과 야행성 곤충이 대결할 경우, 두 출전자가 활발하게 활동할 수 있는 시간으로 정한다.

⑧ 승패가 정해질 때까지 배틀 시간에 제한을 두지 않는다.

⑨ 배틀 도중 큰 부상으로 인한 대결 불가능과 사망, 전투 의욕 상실로 인한 도망 등은 패배로 인정한다.

⑩ 이전 배틀에서 받은 부상과 체력 저하는 다음 배틀에 영향을 주지 않는 것으로 본다.

• 기타 규칙

육식 곤충은 먹이를 얻기 위해 다른 곤충을 공격하고, 초식 곤충은 먹이 장소를 둘러싸고 다른 곤충과 싸운다. 하지만 이 책에서는 사냥이나 자리 다툼 같은 특별한 상황이 아니더라도 배틀 상대에게 적극적으로 공격을 가하기로 한다.

이 책의 구성

• **곤충 소개**

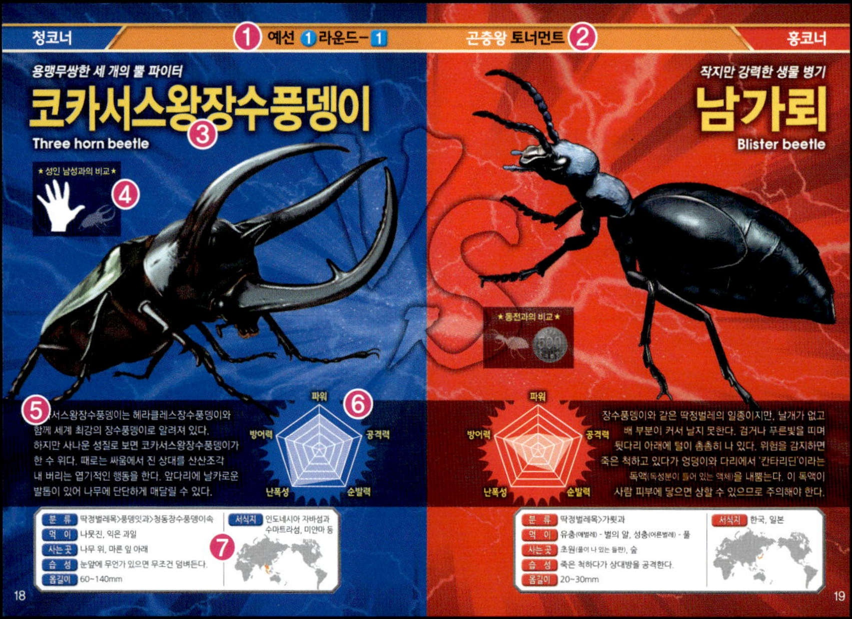

청코너 　　　　　❶ 예선 ❶ 라운드-❶ 　　　　　 곤충왕 토너먼트 ❷ 　　　　　 홍코너

용맹무쌍한 세 개의 뿔 파이터
코카서스왕장수풍뎅이 ❸
Three horn beetle

★성인 남성과의 비교★ ❹

작지만 강력한 생물 병기
남가뢰
Blister beetle

★동전과의 비교★

❺ 코카서스왕장수풍뎅이는 헤라클레스장수풍뎅이와 함께 세계 최강의 장수풍뎅이로 알려져 있다. 하지만 사나운 성질로 보면 코카서스왕장수풍뎅이가 한 수 위다. 때로는 싸움에서 진 상대를 산산조각 내 버리는 엽기적인 행동을 한다. 앞다리에는 날카로운 발톱이 있어 나무에 단단하게 매달릴 수 있다.

❻ 파워 / 방어력 / 공격력 / 난폭성 / 순발력

분류	딱정벌레목(과)풍뎅잇과)청동장수풍뎅이속
먹이	나뭇진, 익은 과일
사는 곳	나무 위, 마른 잎 아래
습성	눈앞에 무언가 있으면 무조건 덤벼든다.
몸길이	60~140mm
서식지	인도네시아 자바섬과 수마트라섬, 미얀마 등

❼

장수풍뎅이와 같은 딱정벌레의 일종이지만, 날개가 없고 배 부분이 커서 날지 못한다. 검거나 푸른빛을 띠며 뒷다리 아래에 털이 촘촘히 나 있다. 위험을 감지하면 죽은 척하고 있다가 영강이와 다리에서 '칸타리딘'이라는 독액(독성분이 들어 있는 액체)을 내뿜는다. 이 독액이 사람 피부에 닿으면 상할 수 있으므로 주의해야 한다.

파워 / 방어력 / 공격력 / 난폭성 / 순발력

분류	딱정벌레목(가뢰과)
먹이	유충(애벌레)-벌의 알, 성충(어른벌레)-풀
사는 곳	초원(물이 나 있는 풀밭), 숲
습성	죽은 척하다가 상대방을 공격한다.
몸길이	20~30mm
서식지	한국, 일본

❶ **배틀 번호:** 몇 번째 배틀인지를 나타낸다.

❷ **배틀 부문:** 곤충왕 토너먼트, 스페셜 배틀 등 배틀의 부문을 나타낸다.

❸ **곤충 이름:** 한글과 영어로 표기한다.

❹ **크기 비교:** 성인 남성의 손(길이 18cm), 500원짜리 동전과 비교해 곤충의 크기를 나타낸다.

❺ **곤충 소개글:** 곤충에 관한 주요 설명 및 습성과 능력을 소개한다.

❻ **레이더차트:** 파워, 공격력, 순발력, 난폭성, 방어력 등 곤충의 능력을 평가해 한눈에 볼 수 있게 나타낸다.

❼ **정보:** 곤충의 분류, 먹이, 사는 곳, 습성, 몸길이, 서식지를 나타낸다.

• **평가**

예선, 준결승전, 결승전이 끝날 때마다 나오는 평가 페이지에서는 배틀의 승자, 최고의 장면, 아쉬웠던 점을 소개한다.

• 배틀 장면

예선 ① 라운드 - 1 곤충왕 토너먼트

드디어 "최강 곤충왕 토너먼트"가 시작되었다. 예선 ① 첫 번째 배틀은 코카서스왕장수풍뎅이와 남가뢰의 대결이다. 코카서스왕장수풍뎅이의 던지기 기술과 남가뢰의 독 공격 중 어떤 것이 승리할까? 작은 체격으로 보여 보이는 남가뢰에게는 심각을 한 방에 무너뜨릴 강력한 독액이 있기 때문에 이번 배틀 결과는 도무지 예상할 수 없다. 초반부터 눈을 뗄 수 없는 배틀이 시작된다.

START!
코카서스왕장수풍뎅이, 큰 뿔로 치켜들기!!
배틀이 시작되자마자 코카서스왕장수풍뎅이는 3개의 큰 뿔로 남가뢰를 치켜 올린다. 남가뢰는 위기에 빠지고 몸부림친다.

POWER UP!
남가뢰, 독액 공격 실패!
아직도 코카서스왕장수풍뎅이의 표면은 갑옷처럼 단단한 갑옷으로 싸여 있어 남가뢰의 독액이 스며들지 못한다. 결국 치켜지는 상황이 계속되자마자 치켜들이 닥쳐와 버린다.

3개의 뿔 사이에 잡힌다라도 뿔을 뚫고 올라올 힘들이 없으나, 그저 조용 갇힌기가 하지 않는다. 바로 이때 남가뢰는 독액 공격을 시작한다.

공격 포인트!
강력한 큰 뿔 공격
강력해진 큰 뿔로, 남가뢰를 내동댕이친다. 남가뢰는 뿔 공격 한 방에 나가떨어졌다.

큰 뿔 들어 번쩍 올리다!

강력한 내 동댕이로 치다!

남가뢰는 죽은 척하며, 간타리드라고 하는 노란 액체를 흘린다. 이 액체가 코카서스왕장수풍뎅이에게 묻으면 독하게 해어진다.

코카서스왕장수풍뎅이를 비롯한 딱정벌레류의 딱딱한 겉질은 독과 침이 통과하지 못하는 철벽 방어력을 자랑한다. 독을 품어도 아무 소용이 없었으니 남가뢰는 운이 나빴던 셈이다.

WINNER 코카서스왕장수풍뎅이

---

❶ **배틀 번호:** 몇 번째 배틀인지를 나타낸다.

❷ **배틀 소개:** 배틀 무대와 배경을 설명한다.

❸ **START!:** 배틀의 시작을 알리고 배틀 초반의 장면을 설명한다.

❹ **POWER UP!:** 승부를 결정짓는 필살기 공격 장면을 설명한다.

❺ **공격 포인트:** 배틀을 승리로 이끈 필살 공격의 핵심을 소개한다.

❻ **승자 발표:** 배틀 승자를 알려 준다.

• **곤충 상식**

곤충의 공격 무기, 특수 능력, 멸종된 거대 곤충 등 곤충에 대한 흥미로운 상식과 유용한 정보를 살펴볼 수 있다.

• **곤충 호기심**

★최강 곤충왕 토너먼트 대진표

 코카서스왕장수풍뎅이

예선 1라운드-1

 남가뢰

 장수말벌

예선 1라운드-2

 말레이시아개미

 콩가개미

예선 1라운드-3

 왕사마귀

 물장군

예선 1라운드-4

 장수잠자리유충

★최강 곤충왕 토너먼트 대진표

?	1라운드-1 승자
?	1라운드-2 승자
?	1라운드-3 승자
?	1라운드-4 승자
?	1라운드-5 승자
?	1라운드-6 승자
?	1라운드-7 승자
?	1라운드-8 승자

★스페셜 배틀 ① 대진표 〈한국 장수풍뎅이 vs 세계 장수풍뎅이〉

 한국 장수풍뎅이 **VS** 코카서스왕장수풍뎅이

 한국 장수풍뎅이 **VS** 헤라클레스장수풍뎅이

 한국 장수풍뎅이 **VS** 악타이온코끼리장수풍뎅이

 한국 장수풍뎅이 **VS** 아틀라스장수풍뎅이

 한국 장수풍뎅이 **VS** 넵튠장수풍뎅이

스페셜 배틀은 본 배틀과는 다른 형식으로 진행된다. 첫 번째 스페셜 배틀과 두 번째 스페셜 배틀에서는 한국 장수풍뎅이와 한국 사슴벌레가 한국을 대표해 세계의 다양한 장수풍뎅이, 사슴벌레들과 대결을 펼친다. 그리고 세 번째 배틀에서는 작은 곤충들의 단체전이 준비되어 있다.
작은 곤충들이 단체전에서는 어떤 방법으로 대결할지 승패를 예상하기 어렵지만, 분명히 일대일 배틀과는 또 다른 재미를 느낄 수 있을 것이다.

★스페셜 배틀 ❷ 대진표 〈한국 왕사슴벌레 vs 세계 사슴벌레〉

 한국 왕사슴벌레 VS 팔라완왕넓적사슴벌레

 한국 왕사슴벌레 VS 타란두스광사슴벌레

 한국 왕사슴벌레 VS 뮤엘러리사슴벌레

 한국 왕사슴벌레 VS 장대뿔쌍집게사슴벌레

 한국 왕사슴벌레 VS 기라파톱사슴벌레

★스페셜 배틀 ❸ 대진표 〈작은 곤충 단체전〉

 군대개미 VS 콩가개미

 꿀벌 VS 장수말벌

 흰개미 VS 일본왕개미

차 례

4	들어가는 글
5	규칙
6	이 책의 구성
8	최강 곤충왕 토너먼트 대진표
12	스페셜 배틀 대진표

배틀

16	최강 곤충왕 배틀 예선 ❶라운드
50	최강 곤충왕 예선 ❶라운드 평가
55	스페셜 배틀❶ – 한국 장수풍뎅이 VS 세계 장수풍뎅이
76	스페셜 배틀❶ 평가
81	최강 곤충왕 배틀 예선 ❷라운드
94	최강 곤충왕 예선 ❷라운드 평가
95	스페셜 배틀❷ – 한국 왕사슴벌레 VS 세계 사슴벌레
116	스페셜 배틀❷ 평가
119	최강 곤충왕 배틀 준결승전
124	최강 곤충왕 준결승전 평가

배틀

125	스페셜 배틀 ❸ – 작은 곤충 단체전
138	스페셜 배틀 ❸ 평가
143	최강 곤충왕 배틀 결승전
146	최강 곤충왕 결승전 평가
147	최강 곤충 배틀 최종 우승자

곤충 상식

52	곤충의 다양한 무기 – 독, 특수한 독, 턱, 다리
77	곤충의 특수 능력 – 스피드, 의태, 기타
80	곤충의 한살이
117	능력별 최강 곤충
139	멸종된 거대 곤충들

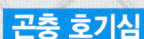

곤충 호기심

| 148 | 곤충이 인간만큼 거대하게 변신한다면? |

최강 고충왕 배틀

예선 ❶라운드

청코너 / 배틀❶ VS / 홍코너
코카서스왕장수풍뎅이 / 18~21p / 남가뢰

청코너 / 배틀❷ VS / 홍코너
장수말벌 / 22~25p / 말레이시아개미

청코너 / 배틀❸ VS / 홍코너
콩가개미 / 26~29p / 왕사마귀

청코너 / 배틀❹ VS / 홍코너
물장군 / 30~33p / 장수잠자리유충

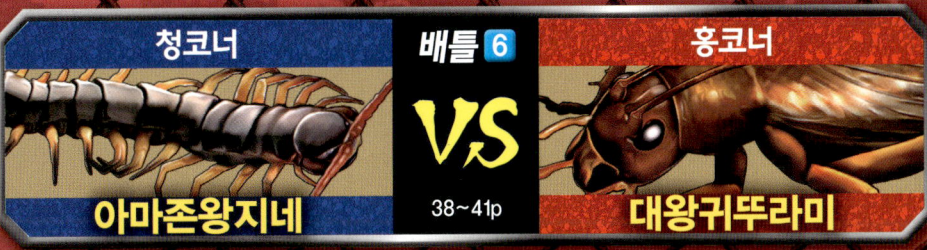

파워와 방어력을 겸비한 딱정벌레류를 비롯하여 독침을 가진 벌과 독니를 가진 거미, 강력한 물어뜯기가 특기인 아마존왕지네 등 다양한 형태의 곤충들과 절지동물이 출전했다. 체격에서 차이가 나도 독이나 턱으로 일격을 가하면 승패는 뒤집힐 수 있기 때문에 어떤 곤충이 승리할지는 아무도 알 수 없다.

청코너   예선 1 라운드-1

용맹무쌍한 세 개의 뿔 파이터
코카서스왕장수풍뎅이
Three horn beetle

★ 성인 남성과의 비교 ★

코카서스왕장수풍뎅이는 헤라클레스장수풍뎅이와 함께 세계 최강의 장수풍뎅이로 알려져 있다. 하지만 사나운 성질로 보면 코카서스왕장수풍뎅이가 한 수 위다. 때로는 싸움에서 진 상대를 산산조각 내 버리는 엽기적인 행동을 한다. 앞다리에 날카로운 발톱이 있어 나무에 단단하게 매달릴 수 있다.

파워 / 공격력 / 순발력 / 난폭성 / 방어력

분류	딱정벌레목>풍뎅잇과>청동장수풍뎅이속
먹이	나뭇진, 익은 과일
사는 곳	나무 위, 마른 잎 아래
습성	눈앞에 무언가 있으면 무조건 덤벼든다.
몸길이	60~140mm

서식지: 인도네시아 자바섬과 수마트라섬, 미얀마 등

| 곤충왕 토너먼트 | 홍코너 |

작지만 강력한 생물 병기
남가뢰
Blister beetle

★ 동전과의 비교 ★

파워 / 방어력 / 공격력 / 난폭성 / 순발력

장수풍뎅이와 같은 딱정벌레의 일종이지만, 날개가 없고 배 부분이 커서 날지 못한다. 검거나 푸른빛을 띠며 뒷다리 아래에 털이 촘촘히 나 있다. 위험을 감지하면 죽은 척하고 있다가 엉덩이와 다리에서 '칸타리딘'이라는 독액(독성분이 들어 있는 액체)을 내뿜는다. 이 독액이 사람 피부에 닿으면 상할 수 있으므로 주의해야 한다.

분류	딱정벌레목>가뢰과
먹이	유충(애벌레) - 벌의 알, 성충(어른벌레) - 풀
사는곳	초원(풀이 나 있는 들판), 숲
습성	죽은 척하다가 상대방을 공격한다.
몸길이	20~30mm

서식지: 한국, 일본

예선 1 라운드 - 1

드디어 '최강 곤충왕 토너먼트'가 시작되었다. 예선 ❶라운드 첫 번째 배틀은 코카서스왕장수풍뎅이와 남가뢰의 대결이다. 코카서스왕장수풍뎅이의 던지기 기술과 남가뢰의 독 공격 중 어떤 것이 더 유리할까? 작은 체격으로 불리해 보이는 남가뢰에게는 상대를 한 방에 무너뜨릴 강력한 독액이 있기 때문에 이번 배틀 결과는 누구도 예상할 수 없다. 초반부터 눈을 뗄 수 없는 배틀이 시작된다.

코카서스왕장수풍뎅이, 큰 뿔로 치켜들기!

배틀이 시작되자마자 코카서스왕장수풍뎅이는 3개의 큰 뿔로 남가뢰의 작은 몸을 들어 올린다. 뿔 사이에 낀 남가뢰는 도망가려고 몸을 흔들며 몸부림친다.

큰 뿔로 들어 올리다 번쩍―!

3개의 뿔 사이에 낀 남가뢰는 몸을 웅크린 채 꼼짝도 하지 않는다. 혹시 죽은 것일까? 바로 그때 남가뢰의 몸에서 노란 액체가 흘러나오기 시작한다.

곤충왕 토너먼트

POWER UP!

남가뢰, 독액 공격 실패!

하지만 코카서스왕장수풍뎅이의 몸 표면은 갑옷처럼 단단한 껍질로 싸여 있어 남가뢰의 독액이 통과하지 못한다. 결국 남가뢰는 땅에 내동댕이쳐졌고, 땅에 떨어지자마자 정신없이 달아나 버린다.

남가뢰는 죽은 척하며 '칸타리딘'이라는 독액을 내뿜는다. 그러자 코카서스왕장수풍뎅이의 몸에 독액이 뚝뚝 떨어진다.

강력한 힘으로 내동댕이치다!

공격 포인트! 강력한 큰 뿔 공격

강력한 3개의 뿔로 남가뢰를 들어 올려 내동댕이쳤다. 남가뢰는 뿔 공격 한 방에 나가떨어졌다.

코카서스왕장수풍뎅이를 비롯한 딱정벌레류의 딱딱한 껍질은 독과 침이 통과하지 않는 철벽 방어력을 자랑한다. 독을 뿜어도 아무 소용이 없었으니 남가뢰는 운이 나빴던 셈이다.

WINNER: 코카서스왕장수풍뎅이

| 청코너 | 예선 1 라운드 - 2 |

강력한 독침 공격의 무법자
장수말벌
Giant hornet

장수말벌은 벌 중에서 몸집이 큰 편이고, 검은색과 누런색으로 이루어져 있다. 매우 공격적이고 독성이 강한 독침을 지녔으며, 이 독침에 쏘일 경우 목숨을 잃을 수도 있다. 장수말벌의 턱은 작은 곤충을 물어뜯을 수 있을 정도로 힘이 세다. 먹이가 필요하면 꿀벌의 둥지를 습격해서 유충을 잡아먹는다.

★성인 남성과의 비교★

파워 / 공격력 / 순발력 / 난폭성 / 방어력

분류	벌목＞말벌과＞말벌속
먹이	곤충, 나뭇진, 꽃꿀
사는곳	나무의 밑동, 동굴
습성	먹이가 적어지는 초가을에 사나워진다.
몸길이	27~45mm

서식지: 인도, 동남아시아, 한국, 일본

곤충왕 토너먼트 — 홍코너

무시무시한 폭탄 개미
말레이시아개미
Camponotus saundersi

★ 동전과의 비교 ★

말레이시아개미는 전투 중에 패배할 위기에 처하거나 신체 일부가 잘리면, 충격적인 공격을 펼친다. 자신의 배 근육을 수축해 독액 분비선을 폭발시킨 후 독액을 방출하는 것이다. 심한 악취를 풍기는 이 독액이 상대를 움직이지 못하게 하고, 독액을 내뿜은 말레이시아개미 또한 배가 터져 죽어 버린다.

- **분류**: 벌목 > 개밋과 > 왕개미속
- **먹이**: 나뭇진, 꽃꿀, 곤충 등
- **사는곳**: 땅속
- **습성**: 목숨을 내던져 적을 공격한다.
- **몸길이**: 약 5mm

서식지: 말레이시아, 브루나이

예선 ❶ 라운드 - 2

예선 ❶라운드 두 번째 배틀은 무시무시한 무기를 가진 곤충들의 대결이다. 먼저 강력한 큰턱과 독침을 자랑하며 우승 후보로 꼽히는 장수말벌이 등장한다. 이에 맞서는 파이터는 독을 뿜어 적과 함께 죽을 각오로 배틀에 출전한 말레이시아개미다. 체격이 크고 비행 능력까지 갖춘 장수말벌이 유리해 보인다. 과연 말레이시아개미는 자신보다 우세한 장수말벌을 이길 수 있을까?

장수말벌, 위협 작전! START!

배틀이 시작되자 장수말벌은 날개를 웅웅거리면서 말레이시아개미의 주위를 날아다니기 시작한다. 말레이시아개미는 어떤 공격에도 끄떡없도록 자세를 취한다.

빠른 날갯짓으로 상대를 위협하다!

장수말벌이 말레이시아개미를 공중에서 큰턱으로 물었다 놓았다를 반복한다. 이른바 '치고 빠지기' 기술로 공격을 퍼붓자, 말레이시아개미는 점점 힘을 잃어 간다.

곤충왕 토너먼트

POWER UP!

말레이시아개미, 비장의 무기로 반격!

장수말벌의 반복되는 '치고 빠지기' 공격에 중상을 입은 말레이시아개미! 장수말벌이 마지막 일격을 가하기 위해 큰턱으로 물어뜯으려는 순간, 말레이시아개미의 입에서 노란 액체가 뿜어져 나온다.

방심하고 있던 장수말벌은 말레이시아개미가 내뿜는 독액을 정면에서 받아 마시고 죽어 버린다. 독액을 내뿜은 말레이시아개미 또한 내장이 파열되어 바로 그 자리에서 숨이 끊어진다.

심한 악취를 풍기며 독액이 퍼지다!

공격 포인트! 목숨을 내던진 공격

말레이시아개미의 최후 공격이 두 파이터 모두를 죽음에 이르게 했다.

우승 후보로 꼽히던 장수말벌이 죽음까지 각오한 말레이시아개미의 공격에 뜻밖의 죽음을 당했다. 좀 더 신중하게 공격했다면 결과는 달랐을까? 자신이 강자라는 생각으로 방심했기 때문에 패배한 것이다.

WINNER: 무승부

25

청코너 예선 ① 라운드-③

공포의 총잡이
콩가개미
Lesser giant hunting ant

★동전과의 비교★

콩가개미는 개미 중에서 몸집이 매우 큰 편이다. 나무의 밑동에 둥지를 만들어 생활하며, 주로 그 나무에서 먹이를 얻는다. 엉덩이에 있는 독침에 쏘이면 통증이 24시간 계속되고, 그 통증이 마치 불에 데거나 총알에 맞은 듯한 끔찍한 고통과 같다고 하여 '총알개미'라고 불리기도 한다.

파워 / 공격력 / 순발력 / 난폭성 / 방어력

분류	벌목>개밋과>파라포네라속
먹이	작은 곤충, 나뭇진 등
사는곳	나무 밑동
습성	튼튼한 턱과 독침을 이용해 적을 공격한다.
몸길이	약 25mm

서식지: 중앙~남아메리카의 열대 우림

곤충왕 토너먼트 | **홍코너**

숨는 데 능숙한 암살자

왕사마귀
Giant mantis

★ 성인 남성과의 비교 ★

왕사마귀는 큰 낫처럼 생긴 앞다리가 특징이다. 위협할 때는 앞다리를 높이 들어 올리고 뒷날개를 펼쳐서 공격 자세를 취하며, 날카로운 눈으로 상대를 노려본다. 풀이나 꽃에 숨어 있다가 먹잇감이 나타나면, 앞다리를 이용해 0.05초 만에 사로잡는다. 가슴과 배가 부드러운 것이 유일한 약점이다.

파워 / 공격력 / 순발력 / 난폭성 / 방어력

분류	사마귀목>사마귓과>사마귀속
먹이	곤충, 개구리, 도마뱀
사는 곳	초원
습성	움직이는 것만 보면 전투태세를 취한다.
몸길이	70~95mm

서식지 한국, 일본, 중국, 동남아시아

예선 1 라운드 - 3

세 번째 배틀은 말벌 수준의 강한 독을 가진 콩가개미와 개구리도 잡아먹는 육식 곤충 왕사마귀의 대결이다. 개미 중에서는 큰 편에 속하는 콩가개미도 자신보다 3~4배나 큰 왕사마귀 앞에서는 작아 보인다. 콩가개미는 엉덩이의 독침을 어떤 방식으로 왕사마귀에게 찌를까? 그 점이 바로 승부의 열쇠가 될 것이다.

▼ 왕사마귀, 선제 공격!

왕사마귀는 크고 날카로운 앞다리를 높이 들어 위협 자세를 취한다. 콩가개미도 왕사마귀의 공격에 대비하기 위해 경계태세를 갖춘다.

START!

날카로운 앞다리로 순식간에 사로잡다!

왕사마귀가 앞다리를 들고 무시무시한 속도로 달려들어 콩가개미를 덥석 잡는다. 붙잡힌 콩가개미는 어떻게든 도망가려고 필사적으로 발버둥 친다.

곤충왕 토너먼트

POWER UP!

콩가개미, 필살의 독 공격!

왕사마귀가 큰턱으로 공격하려고 콩가개미를 얼굴 앞쪽으로 쓱 가져온다. 바로 그때, 무방비 상태인 왕사마귀의 부드러운 가슴에 콩가개미가 독침을 찌른다.

독침 한 방으로 승부를 가르다!

약점을 들키고 만 왕사마귀는 가슴과 배에 콩가개미의 독침을 여러 번 맞고 쓰러져 버린다.

공격 포인트! 강력한 독침 공격

끔찍한 통증을 준다는 콩가개미의 독 공격에 왕사마귀가 패한 것이다.

왕사마귀가 큰턱 공격을 하려던 바로 그때, 약점인 가슴에 독침을 맞고 말았다. 자신의 공격에만 집중하다가 오히려 약점을 들키고 만 것이다. 콩가개미는 최대의 위기를 기회로 만들어 승리했다.

WINNER: 콩가개미

청코너　　　　　　　　　　　예선 1 라운드 - 4

적의 몸을 녹여서 빨아 먹는 폭군
물장군
Giant water bug

★ 성인 남성과의 비교 ★

물방개와 함께 물속의 최강 육식 곤충으로 꼽힌다. 앞발 끝이 낫 모양으로 되어 있고, 날카로운 발톱도 있다. 먹잇감을 잡으면 뾰족한 입으로 먹잇감을 찔러 몸속에 소화액을 흘려 넣는다. 그리고 몸이 소화액에 녹아 흐물흐물한 상태가 되면 빨아 먹는다. 거북이나 쥐, 맹독을 가진 살무사를 잡아먹기도 한다.

파워 / 공격력 / 순발력 / 난폭성 / 방어력

분류	노린재목＞물장군과＞물장군속
먹이	작은 물고기, 작은 포유류, 곤충
사는곳	논, 연못
습성	자기보다 큰 먹잇감을 잡는 경우가 많다.
몸길이	50~70mm

서식지: 한국, 일본, 중국

곤충왕 토너먼트 　　　　　　　　　　　　　　　　　　　**홍코너**

물속의 사나운 포식자
장수잠자리유충
Dragonfly larva

★ 성인 남성과의 비교 ★

장수잠자리의 유충을 말한다. 장수잠자리 암컷이 물속에 알을 낳으면, 알에서 깨어난 유충도 물속에서 생활한다. 장수잠자리유충은 식욕이 왕성하며 송사리 같은 작은 물고기를 즐겨 먹는다. 눈앞에 먹잇감이 나타나면 아랫입술을 재빨리 뻗어서 먹잇감을 잡는다. 물고기처럼 아가미 호흡을 한다.

- 파워
- 방어력
- 공격력
- 난폭성
- 순발력

분 류	잠자리목>장수잠자릿과>장수잠자리속
먹 이	작은 물고기, 올챙이
사는곳	깨끗한 강
습 성	아랫입술을 순식간에 뻗어 사냥한다.
몸길이	20~48mm

서식지 한국, 일본, 중국

예선 1 라운드 - 4

곤충왕 토너먼트 배틀 최초로 펼쳐지는 수중전! 이번 배틀은 육식 곤충으로 유명한 물장군과 장수잠자리유충의 대결이다. '물속의 폭군'으로 불리는 물장군은 거북이나 쥐, 뱀처럼 자기보다 큰 곤충을 포식하는 최강 육식 곤충이다. 이에 맞서는 장수잠자리유충도 올챙이와 송사리 등을 먹어 치우는 육식 곤충으로, 물속 곤충 가운데 강한 편이다. 물장군과 장수잠자리유충의 대결을 지켜보자.

팽팽하게 감도는 긴장감!
사는 곳이 달라 실제 자연에서는 마주칠 일이 거의 없는 물장군과 장수잠자리유충! 낯선 상대를 본 장수잠자리유충이 물장군을 경계하며 대결 자세를 취한다.

START!

물장군이 공격을 시작하다!

먼저 싸움을 시작한 쪽은 물장군이다. 물장군은 장수잠자리유충을 두 앞발로 단단히 눌러서 뾰족한 입으로 소화액을 주입시킨다. 장수잠자리유충의 몸이 흐물흐물해지면 빨아 먹을 계획이다.

곤충왕 토너먼트

장수잠자리유충, 재빠른 기습!
갑자기 물장군 쪽으로 몸을 돌린 장수잠자리유충이 무시무시한 기세로 아랫입술을 뻗는다. 장수잠자리유충의 단단한 아랫입술에 물장군의 얼굴이 찔리면서 그 속으로 물장군의 녹색 체액이 빨려 들어간다.

물장군은 고통을 참지 못하고 달아나 버린다. 장수잠자리유충도 더 이상 쫓아가지 않는다.

최강 수중 곤충이 무너지는 순간이다!

공격 포인트! 맹렬한 기습 공격

장수잠자리유충의 아랫입술은 먹이를 잡아먹을 때 무시무시한 속도로 뻗어 나온다.

최강 수중 곤충으로 꼽히는 물장군이 패배하는 놀라운 일이 벌어지고 말았다. 장수잠자리유충의 기습에 무너져 버린 것이다. 다시 한 번 붙는다면 물장군이 승리할 수도 있지만 배틀에서의 기회는 단 한 번뿐이다.

WINNER 장수잠자리유충

청코너

예선 **1** 라운드 - **5**

무시무시한 독니 파이터
킹바분
King baboon spider

★ 성인 남성과의 비교 ★

'타란툴라'라는 독거미의 일종이며, '바분(baboon)'은 개코원숭이를 뜻한다. 킹바분의 모습이 개코원숭이의 손과 닮았다고 해서 붙여진 이름이라고 한다. 타란툴라 중에서도 독성이 강하고 몸이 큰 편이다. 성격이 매우 사납고 적과 마주치면 위턱을 문질러서 마찰음을 내며 경계한다.

- **분류** 거미류＞거미목＞타란툴라과
- **먹이** 곤충, 개구리, 쥐
- **사는곳** 땅속
- **습성** 매우 사납다.
- **몸길이** 50~80mm

서식지
케냐, 탄자니아, 우간다

곤충왕 토너먼트 | **홍코너**

무시무시한 거미 킬러
타란툴라호크
Tarantula hawk

★ 성인 남성과의 비교 ★

파워 / 공격력 / 순발력 / 난폭성 / 방어력

타란툴라호크는 세계 최대의 벌로 유명하며, 거미를 뜻하는 타란툴라가 이름에 붙여져 있는 것으로 짐작할 수 있듯이 거미를 주로 사냥하는 벌이다. 거대한 거미를 사냥하면 둥지로 데리고 가서 거미 위에 알을 낳는다. 알에서 부화한 타란툴라호크의 유충은 거미의 살을 파먹으며 성장한다.

분류	벌목>대모벌과
먹이	유충 - 거미, 성충 - 꽃꿀
사는곳	땅속
습성	유충의 먹이로 거미를 사냥한다.
몸길이	약 60mm

서식지: 북아메리카 남부, 남아메리카 북부

예선 1 라운드 - 5

타란툴라호크, 공격 개시!

킹바분이 땅속 둥지에서 기어 나오자 근처에서 기다리고 있던 타란툴라호크가 무시무시한 속도로 킹바분을 쫓는다. 킹바분도 이를 알아차리고 싸움을 시작한다.

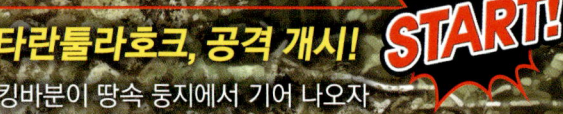

거미와 거미 킬러의 숨막히는 대결!

킹바분이 앞다리를 들어 올려 몸을 크게 해 타란툴라호크를 위협한다. 동시에 위턱을 비비며 적을 위협하는 소리를 낸다. 독니로 타란툴라호크를 찌르기만 하면 게임 끝이라고 생각한다.

이번 배틀에는 아프리카 출신의 타란툴라류(거미류)인 킹바분이 출전하게 되었다. 비록 곤충은 아니지만 뛰어난 배틀 실력으로 이번 토너먼트를 멋지게 장식해 줄 것으로 기대된다. 킹바분에 맞서는 파이터는 거미의 천적 타란툴라호크! 타란툴라호크의 독침은 콩가개미의 독침과 같은 수준으로 강한 통증을 일으킨다. 막상막하의 대결이 될 킹바분과 타란툴라호크의 싸움이 시작된다.

곤충왕 토너먼트

킹바분, 작전 실패!

한편 타란툴라호크는 맹렬하게 공격하지 않으며 싸움을 이어 간다. 킹바분의 전략을 눈치 챈 듯 '치고 빠지기' 기술을 반복하며 킹바분이 녹초가 되기를 기다린다.

마침내 움직임이 둔해진 킹바분의 등 뒤에서 타란툴라호크가 독침을 한 방 날린다. 킹바분은 몸이 마비되어 움직일 수 없게 된 상태로 타란툴라호크의 둥지로 끌려간다.

적의 숨통을 끊을 기회를 노리다!

공격 포인트! 강력한 독침 한 방

기회를 노리고 있던 타란툴라호크가 독침 한 방으로 킹바분을 쓰러뜨렸다.

킹바분에게 타란툴라호크는 상대하기 힘든 파이터였다. 둥지로 끌려간 킹바분은 결국 타란툴라호크 유충들의 먹이가 되고 말았다.

WINNER: 타란툴라호크

청코너

예선 **1** 라운드 - **6**

수많은 다리가 달린 지네의 왕

아마존왕지네
Peruvian giant yellow-leg centipede

★성인 남성과의 비교★

아마존왕지네는 세계 최대의 지네로 '페루노란다리왕지네'라고도 불린다. 행동 범위가 넓어 나무 위나 땅 위 등 모든 장소에서 사냥을 하며, 독사와 헷갈릴 수도 있다. 독샘이 들어 있는 발톱은 플라스틱을 부술 정도로 파괴력이 대단하다. 물리면 바로 독을 주입하기 때문에 굉장히 위험하다.

분류	순각류>왕지네목>왕지네과>왕지네속
먹이	작은 곤충, 파충류, 포유류 등
사는곳	열대 우림의 땅 위 또는 나무 위
습성	작은 뱀을 덮칠 정도로 사납다.
몸길이	200~400mm

서식지	브라질, 페루 등의 열대 우림

곤충왕 토너먼트 — 홍코너

무엇이든 물어뜯는 귀뚜라미
대왕귀뚜라미
Sia ferox

★ 성인 남성과의 비교 ★

파워 / 공격력 / 순발력 / 난폭성 / 방어력

대왕귀뚜라미는 인도네시아의 높은 지역에 서식하는 어리여칫과의 곤충으로, 인도네시아 현지에서는 시아페록스라고 부른다. 강력한 힘을 가진 턱을 가지고 있으며, 이 턱을 이용해 자기보다 큰 먹잇감을 사냥해 씹어 먹기도 한다. 주로 메뚜기나 사마귀 같은 곤충을 잡아 머리부터 물어뜯어 먹는다.

분류	메뚜기목>어리여칫과>시아속
먹이	곤충
사는곳	높은 지역의 풀숲
습성	야행성이며 매우 사납다.
몸길이	65~80mm

서식지: 인도네시아

여섯 번째 배틀 무대인 초원에 아마존왕지네가 먼저 등장했다. 아마존왕지네는 작은 뱀을 덮칠 정도로 성질이 사납고 큰턱을 이용해 적을 물어뜯어 공격한다. 이에 맞서는 파이터 역시 물어뜯기 공격이라면 누구에게도 지지 않는 대왕귀뚜라미! 이번 배틀은 물어뜯기가 특기인 파이터들의 대결이 되었다. 과연 상대방을 물어뜯는 데 성공하는 것은 어느 쪽일까?

START!

아마존왕지네, 긴 몸으로 적을 압박!

배틀이 시작되자마자 두 파이터 모두 격렬하게 싸우기 시작한다. 먼저 싸움을 건 쪽은 아마존왕지네! 긴 몸으로 대왕귀뚜라미를 휘감아 꼼짝 못하게 한다.

긴 몸으로 적의 숨통을 조이다!

아마존왕지네는 특기를 발휘하여 대왕귀뚜라미의 부드러운 배를 콱 물어 버린다. 대왕귀뚜라미는 괴로워하며 발버둥을 친다.

청코너 | 예선 ①라운드-7

바퀴벌레를 조종하는 파괴자

보석말벌
Emerald cockroach wasp

★동전과의 비교★

보석말벌은 아름다운 빛깔의 겉모습과는 달리 바퀴벌레를 이용해서 번식하는 교활한 벌이다. 바퀴벌레의 뇌에 독을 주입해서 신경을 파괴한 다음 바퀴벌레가 움직이지 못하게 되면 둥지로 데려간다. 그 다음 알을 낳으면, 알에서 깨어난 유충은 살아 있는 바퀴벌레의 내장을 먹으며 성장한다.

파워 / 공격력 / 순발력 / 난폭성 / 방어력

분류	벌아목>는쟁이벌과>암풀렉스속
먹이	유충 - 바퀴벌레, 성충 - 풀과 꽃꿀
사는곳	땅속, 풀숲
습성	바퀴벌레에 기생해서 번식한다.
몸길이	약 20mm

서식지: 남아시아, 아프리카 등의 열대 지역

곤충왕 토너먼트 — 홍코너

끈질긴 생명력으로 승부하는 파이터
먹바퀴
Smokybrown cockroach

★ 동전과의 비교 ★

바퀴벌레는 3억 년 이상이 된 화석의 모양과 현재의 모양이 똑같아 '살아 있는 화석'이라고 불리며, 곤충계에서 생명력이 가장 강하다. 주로 밤에 사냥을 하며 곤충이나 식물, 사람의 머리카락 등 무엇이든 먹어 치운다. 먹지 않고도 수십 일 동안 살 수 있다. 속도가 굉장히 빨라서 1초에 1m를 달아나기도 한다.

스탯: 파워 / 공격력 / 순발력 / 난폭성 / 방어력

분류	바퀴목 > 왕바큇과 > 바퀴속
먹이	음식물 쓰레기, 먼지, 곤충류 등
사는곳	숲, 사람이 사는 집
습성	어떤 환경에서도 살아남는다.
몸길이	25~40mm

서식지: 전 세계의 온대 및 열대 지역

예선 1라운드 - 7

이번 배틀 무대는 사람이 사는 집의 지붕이다. 먼저 등장한 파이터는 오랜 세월 동안 변함없는 모습으로 생존해 온 먹바퀴다. 먹바퀴는 뛰어난 위험감지능력과 반사 신경을 지녔다. 이에 맞서는 파이터는 바퀴벌레를 조종할 수 있는 침을 지닌 보석말벌이다. 먹바퀴에게 보석말벌은 이기기 힘든 상대이다. 하지만 초속 1m의 스피드로 보석말벌을 따돌리는 데 성공한다면 전혀 불가능한 일은 아니다.

후방 공격을 겨우 피하다!

START!

먹바퀴, 위험 감지 능력 발동!

먼저 싸움을 건 쪽은 보석말벌이다. 보석말벌이 먹바퀴의 뒤에서 무시무시한 빠르기로 다가간다. 하지만 먹바퀴는 뒤에 눈이라도 달려 있는 것처럼 이 상황을 눈치채고 재빨리 도망간다.

먹바퀴의 꼬리에는 바람을 감지하는 '미각'이라는 기관이 달려 있는데, 이 기관이 보석말벌의 접근을 감지한 것이다.

곤충왕 토너먼트

POWER UP!

보석말벌, 독침 공격!

보석말벌이 앞쪽에서 천천히 접근하더니 먹바퀴를 붙잡는 데 성공한다. 바퀴벌레는 앞이 거의 안 보일 정도로 시력이 나빠 물체를 잘 감지하지 못하기 때문이다.

보석말벌은 먹바퀴의 가슴에 독침을 찔러 움직이지 못하게 한 다음, 뇌에도 독침을 찔러 신경을 파괴해 버린다. 꼼짝 못하게 된 먹바퀴는 둥지로 끌려간다.

독침 한 방으로 적을 무너뜨리다!

공격 포인트! 신경을 파괴하는 독침

보석말벌의 독침에 찔린 먹바퀴는 보석말벌이 하는 대로 몸을 맡길 수밖에 없게 되었다.

먹바퀴의 뛰어난 반사 신경과 위험 감지 능력도 보석말벌 앞에서는 소용이 없었다. 독침 공격을 당한 먹바퀴는 산 채로 끌려가 보석말벌 유충들의 먹이가 되고 말았다.

WINNER: 보석말벌

청코너

예선 1 라운드 - 8

곤충계의 작은 흉기

노랑쐐기나방유충
Slug caterpillar

★동전과의 비교★

노랑쐐기나방의 유충을 말한다. 짧고 굵은 몸에 작은 무늬가 있으며, 나뭇잎의 뒷면에서 잎을 갉아 먹으며 산다. 외부의 적을 감지하면 온몸에 난 가시의 끝에서 독액을 내뿜는다. 이 독액은 벌의 독 만큼이나 강한 독성이 있으며, 접촉하면 전기에 닿은 것과 같은 통증을 일으켜 '전기벌레'라고도 불린다.

분류	나비목>쐐기나방과>쐐기나방속
먹이	감나무, 벚나무 등의 나뭇잎
사는곳	나뭇잎의 뒷면
습성	위험을 느끼면 독을 내뿜는다.
몸길이	약 25mm

서식지: 인도, 중국, 일본

| 곤충왕 토너먼트 | 홍코너 |

팔라완왕넓적사슴벌레
힘, 속도, 단단한 껍질을 갖춘 흉악범

Palawan stag beetle

★ 성인 남성과의 비교 ★

최대 크기가 110mm나 되는 대형 사슴벌레다. 거대한 몸만 봐서는 상상하기 힘들 정도로 행동이 민첩한 것이 가장 큰 특징이다. 앞으로 뻗어 나온 큰턱에는 우둘투둘한 돌기가 나 있으며, 큰턱은 적을 공격할 때 좋은 무기가 된다. 아름다운 경치로 유명한 필리핀의 팔라완 섬에서만 서식한다.

파워 / 공격력 / 순발력 / 난폭성 / 방어력

분류	딱정벌레목>사슴벌렛과>왕사슴벌레속
먹이	나뭇진, 익은 과일
사는곳	나무의 구멍, 나무껍질의 갈라진 곳
습성	재빠르고 힘이 세다.
몸길이	80~110mm

서식지: 필리핀의 팔라완섬

예선 1 라운드 - 8

START!

노랑쐐기나방유충, 독액 공격!
팔라완왕넓적사슴벌레가 노랑쐐기나방유충을 발견하자마자 맹렬하게 덤벼든다. 그리고 큰턱의 괴력을 발휘해 노랑쐐기나방유충의 몸을 거칠게 조른다.

독액을 내뿜으며 반격에 나서다!

당하고만 있을 수는 없다고 생각한 노랑쐐기나방유충! 온몸의 가시에서 독액을 내뿜으며 큰턱에서 벗어나려고 몸부림친다.

이번 배틀 무대는 나무 위가 되었다. 출전 파이터는 팔라완왕넓적사슴벌레와 아직 유충의 몸인 노랑쐐기나방유충이다. 팔라완왕넓적사슴벌레는 강력한 파워와 뛰어난 스피드로 곤충왕 우승 후보로 꼽힌다. 팔라완왕넓적사슴벌레가 유리해 보이는 대결이지만 노랑쐐기나방유충이 독액 공격만 성공한다면 예상 외의 결과가 나올지도 모를 흥미진진한 배틀이 될 것이다.

곤충왕 토너먼트

POWER UP!

팔라완왕넓적사슴벌레, 승부를 가르는 큰턱 공격!

노랑쐐기나방유충은 팔라완왕넓적사슴벌레의 큰턱에 낀 채 온몸의 가시로 공격을 시도한다. 그러나 가시가 사슴벌레의 딱딱한 몸을 뚫지 못한다.

발버둥치는 노랑쐐기나방유충을 다시 붙잡은 팔라완왕넓적사슴벌레! 큰턱에 힘을 가해 단숨에 노랑쐐기나방유충의 몸을 잘라 버린다. 노랑쐐기나방유충은 결국 목숨을 잃고 만다.

공격 포인트! 단칼에 자르는 큰턱의 힘

팔라완왕넓적사슴벌레의 큰턱은 사람 손에 구멍을 낼 정도로 매우 힘이 세다.

노랑쐐기나방유충이 가시로 사슴벌레의 부드러운 배를 찔렀다면 승부가 달라졌겠지만, 엎드린 상대의 배를 공격하기란 힘든 일이었다. 모든 면에서 팔라완왕넓적사슴벌레가 압도했던 대결이었다.

WINNER: 팔라완왕넓적사슴벌레

최강 곤충왕 예선 ①라운드 평가

강력한 독침을 지닌 장수말벌과 날카로운 앞다리를 자랑하는 왕사마귀가 패하는 등 예상하지 못한 결과를 보여 주었다. 패배의 원인은 무엇일까?

맹독 공격도 통하지 않는 강적!

아마존왕지네, 킹바분 등 독을 가진 곤충들이 예상을 뒤엎고 패하고 말았다. 그들은 독이라는 강력한 무기를 지니고도 왜 승리하지 못한 것일까?
첫 번째 이유는, 독침이 뚫을 수 없는 단단한 외골격의 상대를 만났기 때문이다.
두 번째 이유는, 동작이 빠른 상대를 만나 독을 주입할 기회를 놓치고 말았기 때문이다. 독침을 적의 몸에 확실히 찔러 독액을 주입해야 하는 독 공격의 기본 전술이 실패하고 말았다.

노랑쐐기나방유충이 가시 끝으로 독을 내뿜었지만 팔라완왕넓적사슴벌레의 몸속으로는 전혀 들어가지 않았다.

말레이시아개미가 독액을 내뿜으며 맹렬히 공격해 오자 장수말벌은 독을 써 보지도 못하고 패하고 말았다.

예선 ①라운드 승자

**코카서스왕장수풍뎅이
콩가개미 장수잠자리유충
타란툴라호크
대왕귀뚜라미 보석말벌
팔라완왕넓적사슴벌레**

왕사마귀가 콩가개미를 들어 올리는 순간 콩가개미가 왕사마귀의 가슴에 강력한 독침 한 방을 날렸다.

천적과의 피할 수 없는 대결!

추첨에 따라 토너먼트 대진표가 구성되면서 운이 나쁘게도 천적과 대결을 해야 하는 곤충도 있었다. 킹바분은 거미의 천적인 타란툴라호크와 싸우다가 결국에는 먹이가 되어 버렸지만, 결코 약한 곤충이 아니다.
거미 중에서도 체격이 큰 편인 킹바분은 독니를 가지고 있어, 타란툴라호크가 아닌 다른 상대를 만났더라면 멋진 공격을 선보이며 승리했을 것이다. 킹바분은 자신의 기량을 다 펼치지 못한 채 안타까운 죽음을 맞이해야 했다.

먹바퀴도 천적인 보석말벌을 상대로 이기는 것은 불가능한 일이었다.

공격과 방어가 완벽한 상대와의 만남!

코카서스왕장수풍뎅이와 팔라완왕넓적사슴벌레는 작은 상처 하나 없이 승리를 거두었다. 딱정벌레의 외골격은 딱딱해서 독침이나 엄니로도 상처를 낼 수 없다. 부드러운 배는 거의 땅에 닿아 있어, 그 자세만으로도 완벽한 방어가 되는 것이다.
장수풍뎅이나 사슴벌레처럼 공격과 방어 모두 완벽한 상대를 만난 곤충들은 상대를 이길 수 있는 방법이 없었을 것이다. 상대가 배를 드러내기만을 기다렸다가 일격을 가하는 방법밖에는 없다.

남가뢰가 몸으로 내뿜는 노란색의 독액도 코카서스왕장수풍뎅이의 몸속으로 들어가지 않아 헛된 공격이 되었다.

최강 곤충 상식

곤충의 다양한 무기

곤충들은 혹독한 환경에서 살아남기 위해 다양한 방법으로 자신만의 무기를 발달시킨다. 그중에서도 독, 턱, 다리 등은 강력한 무기로 활용되며, 다른 곤충이나 인간에게까지 위협이 되기도 한다.

독

곤충류는 먹잇감으로 다른 곤충을 잡거나 천적의 공격을 피하기 위해 몸속에서 독을 만들어 낸다. 곤충의 독에는 여러 가지 종류가 있는데, 가장 강력한 독은 상대를 마비시키는 신경독이다.

장수말벌의 독

장수말벌의 몸속에는 매우 많은 양의 독이 내장되어 있다. 그 독에는 '만다라톡신'이라는 성분이 들어 있으며, 이는 신경계에 작용하는 독으로 사람이 찔릴 경우 신경이 마비되고 최악의 경우에는 죽음에 이르기도 한다.

콩가개미의 독

콩가개미의 신경독은 개미의 독침 중에서 최고 수준의 통증을 일으킨다. 브라질의 몇몇 원주민들은 성인식의 통과 의례에서 이 독침을 이용한다고 전해진다. 수십 마리의 콩가개미에게 쏘인 후 그 통증을 참아내는 남자아이를 성인으로 인정한다고 한다.

남가뢰의 독

남가뢰를 만지면 몸에서 노란색의 독이 뿜어져 나온다. 이 독이 사람의 피부에 닿으면 피부가 자극을 받아 물집이 생기는 등 피부 손상을 입을 수 있다. 그래서 남가뢰를 '물집이 생기는 딱정벌레'라고 부르기도 한다.

② 특수한 독

기생 곤충은 사냥이나 싸움 이외에도 영양분을 얻을 숙주를 포획하기 위해 독을 품는다. 숙주를 포획한 기생 곤충은 숙주에 알을 낳아 애벌레가 숙주를 먹고 성장하게 한다.

보석말벌의 독

보석말벌은 바퀴벌레의 뇌에 신경을 파괴하는 독을 집어넣는다. 적의 몸을 마비시킨 후 둥지로 운반하는 곤충은 많지만, 적의 뇌를 마비시킨 후 둥지로 데려간다는 점에서 매우 특수한 독이다.

타란툴라호크의 독

타란툴라호크의 독은 몸을 마비시키는 독이다. 거미를 죽인 후 둥지로 데려가면 유충들이 부화할 무렵에는 썩어 버릴 수가 있다. 그래서 유충들의 먹이가 될 수 있도록 몸을 마비시킨 후 산 채로 데리고 가는 것이다.

③ 턱

대부분의 곤충에게는 턱이 있다. 일반적으로는 먹이를 먹기 위해 턱이 필요하지만, 사슴벌레류처럼 오로지 싸움만을 위해 턱이 발달한 경우도 있다.

대왕귀뚜라미의 턱

대왕귀뚜라미의 턱은 대부분의 곤충과 마찬가지로 좌우로 많이 벌어져 있어 적을 물어뜯기에 좋다. 골판지나 플라스틱을 쉽게 찢거나 부수고, 자기보다 큰 곤충도 잡아먹을 수 있다.

팔라완왕넓적사슴벌레의 턱

팔라완왕넓적사슴벌레의 턱은 싸움을 위해서 발달해 있다. 특히 턱 부분의 근육이 매우 발달했으며, 턱은 다른 곤충와 싸움을 할 때 적을 꼼짝 못하게 조이는 강력한 무기로 사용된다.

④ 다리

곤충의 다리는 이동 수단뿐 아니라 적과의 싸움에서 무기로도 사용된다. 왕사마귀나 물장군의 앞다리처럼 상대를 잡는 데 좋은 모양으로 변형되기도 한다.

왕사마귀의 다리

왕사마귀의 낫 모양 앞다리는 다른 곤충을 잡는 데 매우 좋은 무기이다. 적이 나타나면 앞다리를 내리쳐서 재빨리 적을 잡는다. 다리 안쪽에는 톱니 모양의 고리가 있는데, 적의 몸에 이 고리를 걸어 꼼짝 못하게 한다.

아마존왕지네의 다리

아마존왕지네는 마디마다 다리가 한 쌍씩 있는데, 이들을 자유자재로 움직여 다른 곤충을 붙잡을 수 있다. 머리 아래쪽에 있는 악각은 다리의 일부가 변화한 것으로 그 끝에서 독을 분비한다.

SPECIAL BATTLE

스페셜 배틀 ❶

한국 장수풍뎅이
VS
세계 장수풍뎅이

《최강왕 곤충 배틀》에서 마련한 스페셜 배틀 첫 번째! 한국의 장수풍뎅이가 세계의 장수풍뎅이들에게 도전장을 던졌다. 세계의 장수풍뎅이를 상대로 한국 장수풍뎅이는 어떤 공격을 펼칠까?

청코너	배틀	홍코너
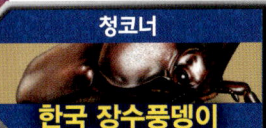 한국 장수풍뎅이	 VS 56~59p	 코카서스왕장수풍뎅이
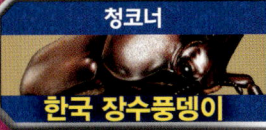 한국 장수풍뎅이	 VS 60~63p	 헤라클레스장수풍뎅이
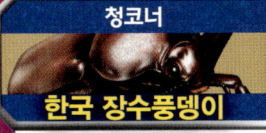 한국 장수풍뎅이	 VS 64~67p	 악타이온코끼리장수풍뎅이
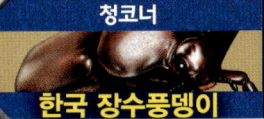 한국 장수풍뎅이	 VS 68~71p	 아틀라스장수풍뎅이
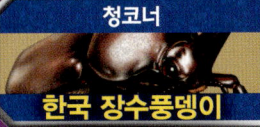 한국 장수풍뎅이	 VS 72~75p	 넵튠장수풍뎅이

스페셜 배틀 1

갑옷 입은 나무 위의 장수
한국 장수풍뎅이
Rhinoceros beetle

방어 무기

단단한 몸!
단단한 몸으로 적의 공격을 방어한다.

★성인 남성과의 비교★

한국 장수풍뎅이 vs 세계 장수풍뎅이

한국, 일본, 중국 등에 서식한다. 9~10월에 알에서 깨어난 유충은 흙 속에서 부엽토(풀, 낙엽이 썩어서 된 흙)를 먹으며 성장해, 다음 해 6~8월에 번데기 단계를 거쳐 성충이 된다. 성충은 낮에는 낙엽 아래에서 쉬고 밤이 되면 먹이를 찾아 활동한다. 상수리나무나 졸참나무의 나뭇진을 좋아한다.

분류	딱정벌레목>풍뎅잇과>장수풍뎅이속
먹이	나뭇진, 익은 과일
사는곳	나무 위, 낙엽 아래
습성	상대가 누구든 두려워하지 않고 맞선다.
몸길이	27~75mm

서식지: 한국, 일본, 중국, 동남아시아

공격 필살기
적의 몸을 번쩍 들어 올리는
강력하고 긴 뿔

장수풍뎅이의 가장 큰 특징은 머리에 있는 뿔이다. 이것을 머리뿔이라고 하며, 가슴 등판에 난 작은 뿔을 가슴뿔이라고 한다. 수컷끼리 만나면 먼저 머리뿔의 길이를 비교해 보는데, 이때 승패가 결정되기도 한다. 사슴벌레와 마주치면 뿔을 이용해 상대를 던져 버리거나 격렬히 싸운다. 장수풍뎅이 중에는 1kg을 들어 올리는 것도 있다.

청코너 한국 장수풍뎅이

한국 장수풍뎅이의 첫 배틀 상대는 코카서스왕장수풍뎅이다. 강력한 세 개의 뿔을 자랑하는 코카서스왕장수풍뎅이는 몸집도 크고 성질도 매우 사납다. 한국 장수풍뎅이가 자신보다 체격이 큰 코카서스왕장수풍뎅이를 상대로 어떤 공격을 펼칠지 함께 지켜보자.

거대한 뿔과 몸이 부딪힌다!

START!

코카서스왕장수풍뎅이, 거대한 뿔 공격!

코카서스왕장수풍뎅이의 뿔이 한국 장수풍뎅이를 향해 돌진하더니, 한국 장수풍뎅이를 나무에서 떨어뜨리려고 한다. 한국 장수풍뎅이는 나무에서 떨어지지 않으려고 몸을 낮춘다.

코카서스왕장수풍뎅이와 한국 장수풍뎅이의 딱딱한 뿔과 몸이 부딪치자 칼과 칼이 부딪히는 소리가 울려 퍼진다. 격렬한 공격에 한국 장수풍뎅이가 살짝 밀리는 듯하다.

★★ 스페셜 배틀 ★★★★★★★★ 코카서스왕장수풍뎅이 홍코너

POWER UP!

한국 장수풍뎅이, 반격 시작!

공격을 퍼붓던 코카서스왕장수풍뎅이가 기운이 빠져 잠시 공격을 멈춘다. 이때를 놓치지 않고 한국 장수풍뎅이가 코카서스왕장수풍뎅이에게 돌진하더니 뿔 하나를 발밑으로 밀어 넣는다.

한국 장수풍뎅이의 반격에 코카서스왕장수풍뎅이의 거대한 몸이 나무에서 떨어지려고 한다. 뒷다리로 간신히 버텨 보지만, 결국에는 한국 장수풍뎅이의 뿔 공격에 나무 아래로 떨어지고 만다.

높은 나무 위에서는 몸집이 작은 쪽이 유리하다는 것이 증명되었다. 몸집이 작을수록 더 안정적인 자세를 취할 수 있기 때문이다. 한국 장수풍뎅이는 그 점을 잘 이용해 승리했다.

WINNER 한국 장수풍뎅이

스페셜 배틀 ①

황금빛 투구를 쓴 왕
헤라클레스장수풍뎅이
Hercules beetle

★ 성인 남성과의 비교 ★
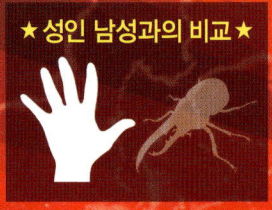

공격 무기

강력한 머리뿔!
길고 뾰족한 머리뿔로 공격해 오는 적을
꼼짝 못하게 한 후 단숨에 무찔러 버린다.

한국 장수풍뎅이 vs 세계 장수풍뎅이

세계 최고 길이의 장수풍뎅이로, 가장 긴 것은 몸길이가 18cm 정도 된다. 열대 지역에 서식하지만 지대가 높고 시원한 장소에 살기 때문에 더위에 약하다. 머리와 뿔 부분에 황금색으로 반짝이는 털이 멋스럽게 나 있다. 드물기는 하지만 개체 중 앞날개가 파란 것은 블루헤라클레스장수풍뎅이다.

분류	딱정벌레목>풍뎅잇과>헤라클레스장수풍뎅이속
먹이	나뭇진, 익은 과일
사는곳	나무 위, 낙엽 아래
습성	성질이 순하고 힘이 세다.
몸길이	46~178mm

서식지: 중앙~남아메리카의 열대 지역

몸의 절반을 차지하는
검게 빛나는 뿔

헤라클레스장수풍뎅이의 머리뿔과 가슴뿔은 길고 단단하다. 머리뿔의 길이가 몸의 절반을 차지하는 것도 있다. 같은 종끼리 싸울 때는 뿔의 길이가 승패를 가르기도 한다. 상대의 배 아래쪽에 가슴뿔을 밀어 넣은 후 뿔에 상대를 끼워 들어 올리면 손쉽게 내던질 수 있다. 싸움을 좋아하지는 않지만, 만약 싸우게 되면 강력한 파워로 상대를 밀어붙인다.

청코너 한국 장수풍뎅이

한국 장수풍뎅이와 대결할 다음 파이터는 열대 아메리카 출신의 헤라클레스 장수풍뎅이다. 그리스 신화 최고 영웅의 이름을 딴 헤라클레스장수풍뎅이는 그 이름에 걸맞게 장수풍뎅이 중 가장 큰 몸과 백황색으로 빛나는 앞날개를 가지고 있다. 이번에도 체격 면에서 불리한 한국 장수풍뎅이가 코카서스장수풍뎅이와의 대결에서 보여 줬던 용맹스러운 모습을 다시 한 번 보여 줄 수 있을까?

한국 장수풍뎅이, 과감하게 돌진! START!

한국 장수풍뎅이는 헤라클레스장수풍뎅이의 큰 뿔을 피해 자세를 낮춘다. 곧바로 상대의 뿔 아랫부분을 공격하기 위해 과감히 돌진한다.

헤라클레스장수풍뎅이는 돌진하는 한국 장수풍뎅이를 가슴뿔로 방어한다. 공격을 퍼붓던 한국 장수풍뎅이는 결국 지쳐 버리고 만다.

스페셜 배틀 — 헤라클레스장수풍뎅이 홍코너

큰 뿔에 꼼짝 못하다!

POWER UP!

헤라클레스장수풍뎅이의 큰 뿔 파워!

헤라클레스장수풍뎅이가 서서히 한국 장수풍뎅이 옆으로 다가간다. 지친 한국 장수풍뎅이를 가슴뿔과 머리뿔 사이에 끼워 들어 올린다.

헤라클레스장수풍데이의 두 뿔 사이에 끼여 어떤 공격도 할 수 없게 된 한국 장수풍뎅이는 결국 대결을 포기하고 만다.

한국 장수풍뎅이는 헤라클레스장수풍뎅이에게 정면으로 돌진해 공격했다가, 오히려 두 뿔에 잡히는 신세가 되고 말았다. 한국 장수풍뎅이가 좀 더 신중하게 공격하는 전략을 세웠다면 승패는 달라졌을 것이다.

WINNER: 헤라클레스장수풍뎅이

스페셜 배틀 ①

장수풍뎅이계의 장갑차

악타이온코끼리장수풍뎅이
Actaeon rhinoceros beetle

★ 성인 남성과의 비교 ★

공격 무기

육중한 몸!
세계에서 가장 무거운
장수풍뎅이답게
육중한 무게로
상대를 제압한다.

한국 장수풍뎅이 VS 세계 장수풍뎅이

뿔을 제외한 몸의 크기로는 코끼리장수풍뎅이속 중에서 가장 크다. 다른 장수풍뎅이들보다 뿔은 길지 않지만 몸이 두껍고 힘이 세다. 먹는 양도 다른 장수풍뎅이들보다 많다. 유충은 흙 속에서 성장하며 몸무게가 약 200g이나 되는 것도 있다. 유충 기간은 2년 반~3년 사이로 긴 편이다.

분류	딱정벌레목>풍뎅잇과>코끼리장수풍뎅이속
먹이	나뭇진, 익은 과일
사는곳	나무 위, 낙엽 아래
습성	먼저 싸움을 걸지 않는 온화한 성격이다.
몸길이	50~135mm

서식지: 남아메리카 북부와 아마존강 유역

공격 필살기
장수풍뎅이계에서 가장 무거운 몸무게 챔피언

코끼리장수풍뎅이속 중 마르스코끼리장수풍뎅이가 가장 크지만 무게는 악타이온코끼리장수풍뎅이가 최고다. 다리가 두껍고 길고 단단해서 나무를 잡을 수도 있다. 온순한 성격이므로 먼저 싸움을 거는 일은 거의 없다. 상대방이 돌진해 와도 몸이 무거워서 제대로 공격할 수 없겠지만, 무거운 몸 자체가 최고의 방어 수단이기 때문에 패배하지는 않을 것이다.

청코너 한국 장수풍뎅이

이번에 출전하는 파이터는 아마존 정글의 전사 악타이온코끼리장수풍뎅이다. 뿔의 길이로 따지면 코카서스왕장수풍뎅이와 헤라클레스장수풍뎅이보다 못하지만 몸무게로 따진다면 악타이온코끼리장수풍뎅이를 이길 수 있는 장수풍뎅이는 지구상에 아마 없을 것이다. 장수풍뎅이계의 장갑차라고 불리는 악타이온코끼리장수풍뎅이와 한국 장수풍뎅이의 대결, 그 결과가 궁금하다.

START!

한국 장수풍뎅이, 전투 모드 돌입!

한국 장수풍뎅이가 악타이온코끼리장수풍뎅이의 발밑으로 뿔을 밀어 넣는다. 코카서스왕장수풍뎅이에게 했던 것처럼 밑에서 들어 올릴 전략이다.

장수풍뎅이계에서 가장 무거운 악타이온코끼리장수풍뎅이는 꿈쩍을 하지 않는다. 한국 장수풍뎅이의 힘으로는 도저히 들어 올릴 수가 없다.

작지만 결코 기죽지 않는다!

★★ 스페셜 배틀 ★★★★ 악타이온코끼리장수풍뎅이 홍코너

POWER UP!

공격을 막아 낸 장갑차, 분노의 역습!

한국 장수풍뎅이가 공격을 멈추지 않자, 화가 난 악타이온코끼리장수풍뎅이! 한국 장수풍뎅이를 정면으로 들이받자, 한국 장수풍뎅이가 튕겨져 나간다.

악타이온코끼리장수풍뎅이를 상대로 한국 장수풍뎅이는 공격 한 번 제대로 해 보지 못하고 패하고 말았다.

악타이온코끼리장수풍뎅이의 역습에 전투 의욕을 상실한 한국 장수풍뎅이! 조용히 물러나 패배를 인정한다.

WINNER 악타이온코끼리장수풍뎅이

스페셜 배틀 1

세 개의 뿔을 휘두르는 폭군
아틀라스장수풍뎅이
Atlas beetle

★ 성인 남성과의 비교 ★

공격 무기

무시무시한 전투력!
성격이 매우 거칠어서 공격을 받으면 상대에게 강력한 뿔을 마구 휘두른다.

한국 장수풍뎅이 vs 세계 장수풍뎅이

등과 뿔의 표면이 반짝반짝 빛나고, 위쪽으로 뻗은 머리뿔과 2개의 가슴뿔이 특징이다. '아틀라스'라는 이름은 그리스 신화에 나오는 하늘을 떠받치고 있는 거인의 이름을 딴 것이다. 겉모습은 코카서스왕장수풍뎅이를 닮았지만 아틀라스장수풍뎅이의 머리뿔에는 돌기가 없다.

분류	딱정벌레목>풍뎅잇과>청동장수풍뎅이속
먹이	나뭇진, 익은 과일
사는곳	나무 위, 낙엽 아래
습성	공격적이며 싸움을 자주한다.
몸길이	45~110mm

서식지: 필리핀, 인도네시아 등의 동남아시아

공격 필살기

적을 단숨에 제압하는
강력한 뿔과 **힘센 앞다리**

아틀라스장수풍뎅이는 세 개의 뿔을 이용해 상대를 단단하게 붙잡는 것이 특기다. 길고 힘이 센 앞다리도 다른 곤충과 싸울 때 중요한 무기로 사용된다. 뿔을 사용하지 않고 다리만으로도 상대를 쓰러뜨리기도 한다. 공격적인 성향으로, 자신이 먹고 있는 나뭇진에 모여드는 다른 곤충을 긴 앞다리로 공격해 쫓아 버린다.

청코너 한국 장수풍뎅이

한국 장수풍뎅이 앞에 나타난 아틀라스장수풍뎅이! 아틀라스장수풍뎅이는 활처럼 굽은 세 개의 뿔과 사나운 성질이 특징인 용맹스러운 곤충이다. 자신의 뿔에 상대의 몸을 걸어서 내던지는 것이 주특기인 파이터다. 한국 장수풍뎅이가 1승 2패로 부진한 성적을 이어 가고 있는 가운데 이번 배틀에서는 아틀라스장수풍뎅이의 뿔 공격을 방어하고 승리할 수 있을지 궁금하다.

START!

아틀라스장수풍뎅이, 기선 제압!

먼저 싸움을 건 쪽은 아틀라스장수풍뎅이다. 길고 뾰족한 뿔로 한국 장수풍뎅이를 들어 올려 나무 위에서 내던질 계획이다.

싸움을 시작해 기선을 제압하다!

아틀라스장수풍뎅이는 계획이 실패하자 한국 장수풍뎅이와 뿔을 맞대고 치열하게 싸운다.

스페셜 배틀 ①

긴 뿔로 제압하는 무법자
넵튠장수풍뎅이
Neptune beetles

공격 무기

긴 머리뿔!
긴 머리뿔로 상대의 몸을 붙잡아 제압한다.

★성인 남성과의 비교★

방어 무기

튼튼한 다리!
뿔 공격에 밀리지 않기 위해 튼튼한 다리로 몸을 지탱한다.

한국 장수풍뎅이 vs 세계 장수풍뎅이

헤라클레스장수풍뎅이 다음으로 몸길이가 긴 장수풍뎅이다. 몸길이에 비해서 머리뿔과 가슴뿔이 모두 가늘고 긴 편이다. 가슴뿔 아래에 두 개의 작은 뿔이 있는 것이 특징이다. 비가 내린 후에 활발하게 활동하며, 밝은 불빛에 잘 날아든다.

분류	딱정벌레목>풍뎅잇과>왕장수풍뎅이속
먹이	나뭇진, 익은 과일
사는곳	나무 위, 낙엽 아래
습성	온순하지만 싸움에는 강하다.
몸길이	50~165mm

서식지: 남아메리카의 열대 우림

공격과 방어 모두 가능한 크고 강한 뿔 두 개

상대의 몸을 통째로 붙잡을 수 있을 정도로 긴 머리뿔과 가슴뿔이 최대 무기다. 머리뿔의 끝이 위쪽으로 휘어져 있어 상대의 몸 밑으로 집어 넣기 어려운 것이 단점이지만, 일단 집어넣기만 하면 어떤 상대도 이길 수 있다. 상대의 몸을 통째로 붙잡아 꼼짝 못하게 만들기 때문이다. 긴 뿔은 다가오는 적을 방어하는 역할도 한다.

청코너 한국 장수풍뎅이

넵튠장수풍뎅이, 작전 개시!

넵튠장수풍뎅이는 적의 뿔 밑으로 자신의 뿔을 밀어 넣어 날려 버릴 계획이다. 작전을 펼치기에 좋은 위치를 잡은 넵튠장수풍뎅이가 한국 장수풍뎅이를 덮치더니 공격을 퍼붓기 시작한다.

넵튠장수풍뎅이의 맹렬한 공격에 한국 장수풍뎅이가 뒷걸음치며 뒤로 물러선다.

2승 2패가 된 한국 장수풍뎅이의 마지막 배틀 상대는 넵튠장수풍뎅이다. 넵튠장수풍뎅이는 몸길이로 보면 헤라클레스장수풍뎅이보다 짧지만 뿔 길이만 보면 장수풍뎅이계에서 가장 길다. 이 긴 뿔을 이용해 상대를 들어 올린 다음 상대의 몸을 제압하는 것이 특기다. 마지막 배틀에서 만나게 된 강적을 상대로 한국 장수풍뎅이는 과연 승리를 거둘 수 있을까?

★★ 스페셜 배틀 ★★★★★★★★★★   넵튠장수풍뎅이 홍코너

POWER UP!

한국 장수풍뎅이, 반전의 공격!

계속되는 공격에 한국 장수풍뎅이는 나무 끝에 겨우 매달리는 위기에 놓이고 만다. 넵튠장수풍뎅이가 멈추지 않고 한국 장수풍뎅이를 추격해 온다.

바로 그때, 한국 장수풍뎅이가 넵튠장수풍뎅이의 몸 아래로 뿔을 밀어 넣는다. 그리고 넵튠장수풍뎅이를 들어 올려 힘껏 내던져 버린다.

WINNER 한국 장수풍뎅이

한국 장수풍뎅이가 뒤로 내몰린 순간, 밑에서 공격할 수 있는 기회가 생긴 것이다. 넵튠장수풍뎅이의 맹렬한 공격이 한국 장수풍뎅이에게는 오히려 도움이 되었다.

스페셜 배틀 ① 평가

한국 장수풍뎅이는 다섯 번의 배틀에서 3승 2패로 좋은 결과를 얻었다.
흥미진진했던 대결을 돌아보고 승패의 이유를 확인해 보자.

작은 곤충의 힘을 보여 주다!

배틀 초반, 다른 장수풍뎅이에 비하여 몸집이 작은 한국 장수풍뎅이가 불리할 것으로 예상했다. 그러나 한국 장수풍뎅이는 스페셜 배틀에서 세 번의 승리를 거두면서, 몸집이 작다고 반드시 불리한 것만은 아니라는 것을 증명했다.

한국 장수풍뎅이가 승리한 배틀에서는 그만의 전략이 성공했기 때문이다. 상대보다 낮은 자세를 취한 다음 뿔을 상대의 배 밑으로 밀어 넣어 단숨에 내던지는 전략이었다. 몸이 작기 때문에 낮은 자세로 상대의 배를 공격하기가 상대적으로 수월했다.

체격의 차이를 극복하고 3승 2패라는 멋진 전적을 기록한 한국 장수풍뎅이에게 큰 박수를 보낸다.

가슴뿔로 적의 뿔을 막아 내고 필살의 던지기로 승리한 아틀라스장수풍뎅이와의 대결. 공격과 방어가 동시에 이루어진 훌륭한 대결이었다.

악타이온코끼리장수풍뎅이와의 배틀에서는 육중한 체구에 밀린 한국 장수풍뎅이가 패하고 말았다.

헤라클레스장수풍뎅이와의 대결에서는 배틀 초반 과감하게 돌진하던 한국 장수풍뎅이가 적의 가슴뿔에 밀리고 말았다.

최강 곤충 상식

곤충의 특수 능력

곤충들은 생존을 위해서 공격 능력, 도망가는 능력, 숨는 능력 등 다양한 능력을 갖추고 있다. 이러한 기본 능력들은 환경에 따라 진화되어 특수한 능력으로 자리잡기도 한다.

1 스피드

스피드는 자연계에서 생사를 가르는 중요한 능력이다. 위험에서 벗어나는 속도는 빠를수록 유리하고, 싸울 때도 움직임이 빠르면 상대에게 혼란을 줄 수 있어 이길 확률이 높다.

장수잠자리의 비행 능력

곤충계의 스피드왕 장수잠자리의 비행 속도는 시속 70km에 달한다. 곤충계에서 장수잠자리의 스피드에 대적할 만한 곤충은 없다고 할 수 있다.
뛰어난 비행 능력은 적으로부터 도망갈 때 매우 유리하며, 공중을 날면서 다른 곤충을 잡아먹는 아슬아슬한 재주를 부리기에도 매우 좋다.

먹바퀴의 달리기 능력

먹바퀴는 1초에 1m를 달아날 수 있을 정도로 달리기 실력이 뛰어나다. 달리는 중에도 몇 개의 다리가 땅에 닿아 있기 때문에 중심을 잃지 않고 안정된 자세로 달릴 수 있다. 먹바퀴의 다리 끝에는 끈끈한 점착력이 있어 어떤 곳이라도 기어오를 수 있다.

② 의태

곤충들 중에는 몸의 색깔이나 모양을 나뭇잎, 돌 등의 주변 물체나 다른 생물과 비슷하게 변화시키는 곤충이 있다. 이런 방법을 이용해 자신을 숨기거나 적에게 접근하기도 한다.

왕사마귀의 의태

왕사마귀는 풀숲에 들어가서 주변의 색깔과 비슷한 색깔로 자신을 꾸민 뒤 사냥감을 기다린다. 이와 같은 의태를 '공격 의태'라고 한다. 이런 능력 덕분에 새와 같은 포식자에게 잘 발견되지 않을 수 있다. 찻잎이 많은 곳에서 자란 왕사마귀의 몸 색깔은 차의 색과 비슷한 색이 되기도 한다.

뮤엘러리사슴벌레의 의태

뮤엘러리사슴벌레의 몸은 각도에 따라 다른 색으로 보이며 강한 광택을 낸다. 광택의 색깔 때문에 포식자의 눈에 잘 띌 수 있다고 생각하기 쉽지만, 광택이 나는 몸에 주변의 경치가 비침으로써 오히려 모습을 감출 수 있다. 광택의 색깔은 무지개 색깔부터 검은색 계열까지 종류에 따라서 다양하다.

노랑쐐기나방유충의 의태

노랑쐐기나방유충(애벌레)이 성장하면 노랑쐐기나방이 된다. 애벌레는 나방이 되기 위해 고치를 만들어 그 속으로 들어가 번데기가 되는데, 이때 고치는 동글동글한 모양의 딱딱한 새똥을 닮아 고치처럼 보이지 않는다. 새똥을 닮은 고치는 적으로부터 애벌레를 보호해 준다.

3 기타

곤충들에게는 스피드나 의태 외에도 다양한 특수 능력이 있다. 살아남기 위한 방법으로 무엇을 발달시킬 것인가 하는 것은 서식 환경이나 곤충의 종에 따라 다르기 때문에 다양한 특수 능력이 만들어질 수 있다.

남가뢰의 죽은 척하기

남가뢰는 적의 위험을 감지하면 몸을 움직이지 않고 죽은 척한다. 방심한 적이 남가뢰에게 접근했다가 남가뢰의 다리 관절에서 분비되는 노란색 독액에 닿아 목숨을 잃기도 한다. 죽은 척해서 적을 유인한 다음 독 공격으로 적을 물리치는 것이 남가뢰의 전투 전략이다.

말레이시아개미의 자폭

말레이시아개미는 위험이 닥치면 적을 끌어들인 다음 독액을 폭발시켜 자신의 목숨을 희생해 적을 없애 버린다. 이 독액은 말벌의 독액과 마찬가지로 다양한 화합물이 합성된 강력한 독이다. 말레이시아개미는 자신의 집단을 보호하기 위해서 스스로를 희생하기도 한다.

먹바퀴의 위험감지능력

먹바퀴는 달리기 능력뿐만 아니라 위험을 감지하는 능력도 뛰어나다. 엉덩이에 있는 '미각'이라는 기관이 공기의 흐름을 감지하고 이상 상태를 알아차린다. 미각이 감지한 정보를 전달받아 다리가 움직이기 시작하는 데 걸리는 시간은 불과 0.045초라고 한다. 사람이 눈을 깜짝하는 속도보다 빠르다.

최강 곤충 상식
곤충의 한살이

동물이 태어나서 죽을 때까지의 과정을 한살이라고 한다.
곤충이 자라면서 모양과 형태를 바꾸는 것을 탈바꿈이라고 하며,
탈바꿈은 완전 탈바꿈과 불완전 탈바꿈 두 가지가 있다.

■ 완전 탈바꿈

알-애벌레-번데기-어른벌레의 단계를 거치는 탈바꿈을 말한다. 완전 탈바꿈을 하는 곤충들은 애벌레와 어른벌레의 생김새가 다른 경우가 많다.

장수풍뎅이　　　　　　　장수말벌

■ 불완전 탈바꿈

번데기 과정을 거치지 않고 알-애벌레-어른벌레의 단계를 거치는 탈바꿈을 말한다. 불완전 탈바꿈을 하는 곤충은 애벌레와 어른벌레의 생김새가 비슷한 경우가 많다.

물장군　　　　　　　대왕귀뚜라미

최강 곤충왕 배틀

예선 ❷ 라운드

청코너 | 배틀 ❶ VS | **홍코너** — 돌발 파이터
코카서스왕장수풍뎅이 | 82~85p | 황제전갈

청코너 | 배틀 ❷ VS | **홍코너** — 돌발 파이터
콩가개미 | 86~89p | 장수잠자리

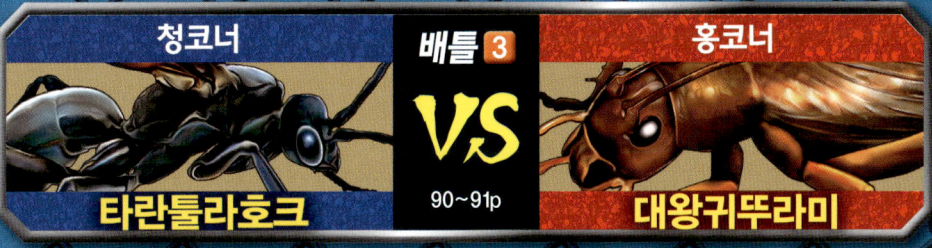

청코너 | 배틀 ❸ VS | **홍코너**
타란툴라호크 | 90~91p | 대왕귀뚜라미

청코너 | 배틀 ❹ VS | **홍코너**
보석말벌 | 92~93p | 팔라완왕넓적사슴벌레

예선 ❶라운드에서 말레이시아개미와 장수말벌이 대결 도중 목숨을 잃었고, 장수잠자리유충이 모습을 감추었다. 사라진 그들을 제외하고 ❷라운드가 진행될 무렵, 대진표에도 없던 황제전갈과 장수잠자리가 갑자기 배틀 무대로 난입했다. ❶라운드의 승자들과 돌발 파이터 황제전갈, 장수잠자리의 활약을 기대해 보자.

예선 **2** 라운드 - **1**

공포의 검은빛 암살자
황제전갈
Emperor scorpion

매서운 꼬리 독침!
꼬리 끝에 있는 독침으로 적을 공격하고 적으로부터 스스로를 지키기도 한다.

★ 성인 남성과의 비교 ★

곤충왕 토너먼트 — 홍코너

최대 총길이 20cm, 몸무게 30g에 달하는 세계 최대의 전갈이다. 상징이라고 할 수 있는 거대한 집게발로 사냥감을 잡아서 작게 잘라 먹는다. 꼬리에 있는 침의 독성은 약하지만 집게발은 두껍고 단단하며 힘이 강하다. 독침은 주로 자기방어를 위해서 사용하고 사냥에 사용하는 일은 거의 없다.

분류	거미류>전갈목>이형전갈과>판디누스속
먹이	귀뚜라미, 매미 등의 곤충류와 절지동물류
사는곳	땅속, 쓰러진 나무
습성	평소에는 느리지만 사냥할 때는 재빠르다.
몸길이	100~200mm

서식지: 아프리카 대륙 중서부

곤충계 최강 무기!
무적의 집게발

전갈류 중에서 가장 큰 몸집을 자랑하며 거대한 집게발도 가지고 있다. 다른 전갈에 비하여 독성이 약하고 성격도 온순하다. 황제전갈 가운데 큰 것은 20cm에 달하며, 무게는 30~45g이나 된다. 집게발의 힘이 매우 강해서 몸집이 작은 곤충의 경우 큰 집게발로 잡은 다음 찢거나 으스러뜨린다.

청코너 코카서스왕장수풍뎅이　　예선 ❷ 라운드 - ①

❷라운드 첫 번째 배틀은 코카서스왕장수풍뎅이와 황제전갈의 대결이다. 코카서스왕장수풍뎅이의 이번 대결 상대는 장수말벌과 말레이시아개미 중 하나였는데, 대결 도중 둘 다 목숨을 잃어 대결 상대가 사라져 버렸다. 그런데 대진표에 없던 황제전갈이 갑자기 나타나 코카서스왕장수풍뎅이의 배틀 상대로 출전했다. 거대 파이터들이 벌이는 박력 있는 배틀로 ❷라운드를 시작한다.

무적의 돌발 파이터 공격을 시작하다!

황제전갈, 집게발 공격! START!
황제전갈이 먼저 코카서스왕장수풍뎅이에게 싸움을 건다. 당황한 코카서스왕장수풍뎅이는 황제전갈의 집게발에 붙잡히고 만다.

코카서스왕장수풍뎅이가 집게발에서 벗어나려고 버둥거리자, 황제전갈이 독침 공격을 시도한다.

| 곤충왕 토너먼트 | 돌발 파이터 | 황제전갈 홍코너 |

POWER UP!

코카서스왕장수풍뎅이, 탈출 성공!

코카서스왕장수풍뎅이의 등이 너무 딱딱해서 황제전갈의 독침 공격이 실패하고 만다. 그 틈을 이용해 코카서스왕장수풍뎅이가 재빠르게 탈출한다.

세 개의 뿔로 황제전갈을 붙잡아 힘껏 내던지는 코카서스왕장수풍뎅이! 땅바닥에 내동댕이쳐진 황제전갈은 고통스러워하다가 결국 도망가 버린다.

공격 포인트! 세 개의 뿔로 내치기

코카서스왕장수풍뎅이의 뿔에 붙잡히면 어떤 곤충도 빠져나오기 힘들다.

황제전갈의 집게발과 독침 공격에도 당황하지 않고 침착하게 싸워 승리한 코카서스왕장수풍뎅이에게 큰 박수를 보낸다. 다음 준결승전에서도 멋진 모습을 기대해 본다.

WINNER: 코카서스왕장수풍뎅이

예선 **2** 라운드-**2**

곤충계 최고의 스피드
장수잠자리
Golden ringed dragonfly

★ 성인 남성과의 비교 ★

뛰어난 시력!
270°의 시야를 확보할 수 있는 겹눈으로 적의 공격에 미리 대비할 수 있다.

곤충왕 토너먼트 — 홍코너

잠자리는 비행 실력이 뛰어난 곤충이다. 그중 장수잠자리는 최고 시속 70km의 스피드를 자랑한다. 최대 무기인 턱은 사람의 피부를 찢어 버릴 수 있을 정도로 강하다. 식욕이 왕성해서 작은 곤충부터 왕사마귀나 말벌에 이르는 거대 육식 곤충도 먹어 치운다.

분류	잠자리목>장수잠자릿과>장수잠자리속
먹이	나방, 나비, 파리, 벌 등의 곤충류
사는곳	작은 하천 주변, 삼림
습성	강인한 턱으로 말벌을 덮치기도 한다.
몸길이	90~110mm

서식지: 한국, 일본, 중국 등

 공격 필살기

뛰어난 비행 능력을 갖춘
네 개의 날개

잠자리류의 4개의 날개는 각각 다른 근육과 연결되어 있어 독립적으로 움직이는 것이 가능하다. 공중에서 정지해 있다가 최고 속도에 도달하는 시간이 상당히 빠르며 갑자기 방향을 바꾸어 비행하는 것도 가능하다. 비행 능력이 곤충계에서 최고인 장수잠자리는 비행 중인 말벌을 잡아 포식할 수 있을 정도로 빠르다.

청코너 콩가개미

예선 ❷ 라운드 - 2

❷라운드 두 번째 배틀 무대로 강력한 독침을 가진 콩가개미가 천천히 등장한다. 하지만 배틀 상대인 장수잠자리유충의 모습이 보이지 않는다. 그때, 콩가개미의 머리 위로 거대한 그림자가 드리워진다. 그림자의 정체는 장수잠자리! ❶라운드에서 물장군을 상대로 승리했던 장수잠자리유충이 성충이 된 것이다. 당황한 콩가개미를 향하여 장수잠자리가 돌진하며 싸움이 시작된다.

START!

장수잠자리, 정면으로 돌진!

장수잠자리가 무시무시한 스피드로 날아다니면서 콩가개미를 위협한다. 장수잠자리의 겹눈은 약 2만 개의 작은 눈으로 이루어져 있어 270°의 시야를 확보할 수 있다. 고속 비행 중에도 콩가개미의 작은 움직임을 놓치지 않을 수 있다.

장수잠자리의 스피드를 따라잡을 수 없는 콩가개미! 배 끝의 독침으로 장수잠자리를 찌를 기회만 엿보고 있다.

공중에서 적을 가지고 놀다!

| 곤충왕 토너먼트 | 돌발 파이터 장수잠자리 홍코너 |

POWER UP!

콩가개미, 작전 실패!
장수잠자리가 갑자기 공중에 정지한 상태로 콩가개미를 살핀다. 이 기회를 잡으려고 덤벼드는 콩가개미! 장수잠자리를 잡을 수만 있다면 이길 수도 있다.

콩가개미가 덤벼들자 장수잠자리는 빠른 속도로 콩가개미의 등 뒤로 날아간다. 장수잠자리가 콩가개미를 뒤에서 들어 올리더니 강력한 턱으로 우지직 소리를 내며 먹어 버린다.

공중에서 죽음을 맞이하다!

공격 포인트!
순간 이동 같은 비행 능력

공중에서 빠른 속도로 날아다니며 공격하는 장수잠자리를 땅에서 공격하기란 매우 힘든 일이었다.

몸이 가볍고 날개도 부드러운 장수잠자리는 작은 공격에도 큰 상처를 입는 곤충이다. 하지만 땅에 있는 콩가개미와의 이번 배틀은 비행 능력이 매우 뛰어난 장수잠자리에게 유리한 대결이었다.

WINNER 장수잠자리

청코너 타란툴라호크 ★★★★★ 예선 **2** 라운드-**3**

이번 배틀 무대는 조용한 숲속이다. 킹바분을 쓰러뜨리고 올라온 거미의 천적, 타란툴라호크와 강력한 턱으로 아마존왕지네를 해치운 대왕귀뚜라미가 서로 노려보고 있다. 몸집이 큰 대왕귀뚜라미가 유리해 보이지만, 타란툴라호크가 평소 자기보다 큰 거미를 상대한다는 점을 생각해 보면 결코 쉽게 끝날 싸움이 아니다. 두 파이터의 대결이 어떻게 전개될지 궁금하다.

독침 공격! 성공할 수 있을까?

START!

타란툴라호크, 당당하게 돌진!
타란툴라호크가 대왕귀뚜라미를 향해 돌진하더니 싸움을 걸기 시작한다. 타란툴라호크는 독침뿐만 아니라 거미의 다리를 물어서 잘라 버릴 수 있는 강력한 턱도 있다.

'치고 빠지기' 기술로 대왕귀뚜라미를 슬쩍슬쩍 공격하는 타란툴라호크! 독침의 일격을 가할 수 있을까?

곤충왕 토너먼트 — 대왕귀뚜라미 홍코너

POWER UP!

대왕귀뚜라미, 올라타기로 제압!

타란툴라호크가 독침을 쏘려고 접근한다. 그러자 대왕귀뚜라미가 재빠른 동작으로 타란툴라호크를 붙잡더니 그대로 올라타 버린다.

대왕귀뚜라미의 거대한 몸에 눌려 꼼짝 못하게 된 타란툴라호크는 결국 대왕귀뚜라미의 큰턱에 끼여 그대로 잡아먹히고 만다.

기습 공격에 처참히 당하다!

공격 포인트! 거대한 몸으로 제압하기

대왕귀뚜라미는 거대한 몸을 이용해 상대를 제압하기만 하면 턱으로 상대를 깨뜨려 쉽게 승리할 수 있다.

타란툴라호크는 독침과 강력한 턱을 가지고도 패하고 말았다. 체격은 물론 방어력이 우세한 대왕귀뚜라미가 승리해 준결승전에 출전한다.

WINNER: 대왕귀뚜라미

청코너 보석말벌 ★★★★★★★★★★ 예선 ❷ 라운드 - ❹

❷라운드 마지막 배틀을 위해 보석말벌과 팔라완왕넓적사슴벌레가 등장했다. 보석말벌은 순발력과 스피드를 자랑하는 바퀴벌레를 잡을 정도로 재빠르다. 하지만 공격과 방어에 뛰어난 팔라완왕넓적사슴벌레의 빈틈을 찾아 스피드 있는 공격을 펼칠 수 있을지는 의문이다. 독침을 갖춘 보석말벌의 승리가 예상되지만, 두 파이터 모두 강력한 곤충이기 때문에 결과는 두고 봐야 할 것이다.

START!

보석말벌, 독침 공격!

보석말벌이 적을 향해 돌진한다. 마취 성분이 든 독침으로 팔라완왕넓적사슴벌레를 찔러 꼼짝 못하게 할 계획이다. 한편 팔라완왕넓적사슴벌레는 보석말벌을 조용히 지켜본다.

보석말벌은 팔라완왕넓적사슴벌레의 등에 독침 공격을 날려 보지만 딱딱한 몸을 뚫지 못해 실패하고 만다. 자세를 낮춰 배를 노리는 보석말벌! 하지만 팔라완왕넓적사슴벌레는 절대로 빈틈을 보이지 않는다.

곤충왕 토너먼트 — 팔라완왕넓적사슴벌레 홍코너

POWER UP!

팔라완왕넓적사슴벌레, 빈틈없는 방어력!

조바심이 난 보석말벌이 상체를 일으킨 순간 팔라완왕넓적사슴벌레가 재빨리 큰턱에 끼워 버린다. 보석말벌은 발버둥 쳤지만 탈출할 방법이 없다.

결정적인 한 방을 날리다!

팔라완왕넓적사슴벌레가 발버둥 치는 보석말벌의 몸을 조르기 시작한다. 보석말벌은 서서히 죽음을 맞이한다.

공격 포인트! 괴력의 큰턱 공격

큰턱으로 압박당한 보석말벌은 몸속 기관이 모두 파괴되어 결국 죽고 말았다.

보석말벌은 팔라완왕넓적사슴벌레를 상대로 시도한 모든 공격을 실패하고 말았다. 공격과 방어 모두를 멋지게 성공시킨 팔라완왕넓적사슴벌레의 완벽한 승리다.

WINNER: 팔라완왕넓적사슴벌레

최강 곤충왕 예선 ②라운드 평가

돌발 파이터가 등장하면서 더 흥미진진한 무대가 되었다.
독침 같은 화려한 기술보다 파이터의 기본 파워가 승패를 좌우했다.

강력한 파워의 진수를 보여 주다!

예선 ②라운드에서는 체격, 힘, 방어력 등 기본적인 능력이 탄탄한 곤충들이 승리를 이끌었다.

타란툴라호크처럼 독침 같은 한 가지 기술에 특화된 파이터는 그 기술을 성공시킬 기회를 잡아야 승리할 수 있지만, 대왕귀뚜라미나 사슴벌레처럼 기본 능력이 탄탄한 곤충들은 끈질긴 방어와 공격만으로도 이길 확률이 높다. 하지만 한 가지 기술에 특화된 유형 중 스피드를 갖춘 장수잠자리는 예외일 수 있다. 장수잠자리의 뛰어난 스피드라면 기초 능력에 상관없이 장수풍뎅이와도 막상막하의 실력으로 싸울 수 있기 때문이다.

뛰어난 스피드가 무기인 장수잠자리! 최고 속도로 날아다니면 따라올 수 있는 곤충이 없다.

황제전갈의 강력한 집게발도 단단한 코카서스왕장수풍뎅이의 등을 뚫지 못했다. 독침 공격도 실패해 결국 패하고 말았다.

타란툴라호크는 독침과 강력한 턱을 지니고도 대왕귀뚜라미의 몸에 눌려 꼼짝하지 못한 채 먹이가 되고 말았다.

예선 ②라운드 승자

코카서스왕장수풍뎅이
장수잠자리 대왕귀뚜라미
팔라완왕넓적사슴벌레

SPECIAL BATTLE

스페셜 배틀 ❷

한국 왕사슴벌레 VS 세계 사슴벌레

《최강왕 곤충 배틀》에서 마련한 스페셜 배틀 두 번째! 장수풍뎅이와 함께 가장 인기 있는 곤충으로 꼽히는 사슴벌레들의 대결이 시작된다. 한국 왕사슴벌레와 세계의 다양한 사슴벌레들이 멋진 배틀을 선보인다.

청코너	배틀 VS	홍코너
한국 왕사슴벌레	96~99p	팔라완왕넓적사슴벌레
한국 왕사슴벌레	100~103p	타란두스광사슴벌레
한국 왕사슴벌레	104~107p	뮤엘러리사슴벌레
한국 왕사슴벌레	108~111p	장대뿔쌍집게사슴벌레
한국 왕사슴벌레	112~115p	기라파톱사슴벌레

스페셜 배틀 ❷

두 개의 칼을 휘두르는 킬러
한국 왕사슴벌레
Stag beetle

★성인 남성과의 비교★

방어 무기

뛰어난 경계심!
소리, 빛, 진동 등에 매우 예민해서 위험을 감지하면 재빨리 안전한 곳으로 피한다.

한국 왕사슴벌레 vs 세계 사슴벌레

한국 왕사슴벌레는 안쪽으로 구부러진 활 모양의 튼튼한 큰턱이 있다. 나무의 구멍이나 나무껍질의 갈라진 틈을 좋아하는 습성 때문에 적에게 잘 발견되지 않는다. 한국 왕사슴벌레 수컷은 마음에 드는 나무의 구멍을 발견하면 그곳을 중심으로 활동하며 생활한다.

분류	딱정벌레목>사슴벌렛과>왕사슴벌레속
먹이	나뭇진, 익은 과일
사는곳	나무의 구멍, 나무껍질의 갈라진 틈
습성	온순해서 싸움을 좋아하지 않는다.
몸길이	30~80mm

서식지: 한국, 일본, 중국

적을 단숨에 제압하는
크고 강한 몸과 큰턱

길고 큰 턱이 최고의 무기다. 큰턱은 잘게 씹는 힘이 강해서, 단단한 몸을 가진 장수풍뎅이도 부술 수 있다. 큰턱 끝이 갈라져 있으며 안쪽에 이빨이 있다. 물고 늘어질 때 이빨이 상대의 몸에 꽂혀서 매우 단단한 몸도 부술 수 있다. 또 소리와 빛, 진동 등에 대한 경계심이 매우 강해서 위험을 감지하면 바로 나무 구멍이나 갈라진 틈으로 도망간다.

청코너 한국 왕사슴벌레

두 번째 스페셜 배틀이 시작됐다. 이번 스페셜 배틀에서는 한국 왕사슴벌레가 출전해 세계의 다양한 사슴벌레와 대결한다. 한국 왕사슴벌레는 전 세계의 사슴벌레를 상대로 어떻게 실력을 발휘하게 될까? 첫 번째 배틀 상대인 팔라완왕넓적사슴벌레는 필리핀에 서식하는 사슴벌레로, 사슴벌레 중 최고의 몸길이를 자랑한다. 두 파이터의 흥미진진한 대결을 기대해 본다.

START!

한국 왕사슴벌레, 선제 공격!
나무 위에서 정면으로 마주친 두 파이터! 서로를 경계하면서 던지기 기술을 펼칠 기회만 엿보고 있다.

먼저 싸움을 건 쪽은 한국 왕사슴벌레다. 팔라완왕넓적사슴벌레보다 몸이 작은 한국 왕사슴벌레는 자세를 낮춰 적의 다리 쪽을 공격한다.

자세를 낮춰 접근하다!

★ 스페셜 배틀 ★★★★★ 팔라완왕넓적사슴벌레 홍코너

한국 왕사슴벌레가 팔라완왕넓적사슴벌레에게 덤벼들자 팔라완왕넓적사슴벌레는 재빨리 한국 왕사슴벌레를 들어 올려 큰턱 사이에 끼운다.

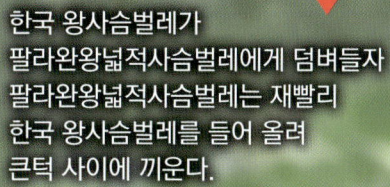

팔라완왕넓적사슴벌레, 깔끔한 던지기 기술!

팔라완왕넓적사슴벌레가 한국 왕사슴벌레를 힘껏 내동댕이친다. 멋진 던지기 기술을 선보이며 승리!

팔라완왕넓적사슴벌레는 한국 왕사슴벌레의 선제 공격을 정면으로 받았지만, 가뿐히 물리치고 바로 되갚아 주었다. 한국 왕사슴벌레가 처음부터 너무 힘을 과시한 것이 패배의 원인이 아닐까?

WINNER 팔라완왕넓적사슴벌레

스페셜 배틀 ②

눈부시게 빛나는 검은 보석
타란두스광사슴벌레
Tarandus stag beetle

★성인 남성과의 비교★

날카로운 큰턱!
매우 날카롭고 뾰족한 큰턱으로 상대를 단숨에 제압한다.

한국 왕사슴벌레 vs 세계 사슴벌레

몸길이 90mm를 넘는 아프리카 최대의 사슴벌레다. 수컷과 암컷 모두 몸 표면의 광택이 강해 마치 에나멜을 칠한 것처럼 보인다. 완만하게 굽어 있는 큰턱은 대형 넓적사슴벌레만큼 힘이 세다. 성숙한 수컷의 개체는 위험을 감지하면 휴대 전화가 진동하는 것처럼 몸을 부르르 떤다.

분류	딱정벌레목>사슴벌렛과>광사슴벌레속
먹이	나뭇진, 익은 과일
사는곳	나무의 구멍, 나무껍질의 갈라진 틈
습성	외부의 자극에 민감하며 매우 거칠다.
몸길이	40~90mm

서식지: 아프리카 대륙 중서부

공격 필살기

무엇이든 뚫어 버리는
사슴벌레계 최강 큰턱

완만하게 굽은 큰턱이 발휘하는 힘은 사슴벌레 중에서 1, 2위를 다툴 정도로 강하다. 큰턱으로 잡는 힘은 가장 사납다고 알려진 넓적사슴벌레와 같은 수준이다. 큰턱 끝 부분이 매우 날카롭고 뾰족해서 상대방을 찌르기 쉬운 구조로 되어 있다. 온순해 보여도 기질이 사나운 편이다. 손으로 만지면 손톱에 구멍이 나거나 상처를 입게 되므로 주의해야 한다.

청코너 한국 왕사슴벌레

이번에 등장할 한국 왕사슴벌레의 상대는 아프리카의 타란두스광사슴벌레다. 이름에 '광(光)'이 있는 점으로 짐작할 수 있듯이 사슴벌레 중에서도 광택이 매우 강한 편이다. 검은빛을 발하는 몸이 아름답지만 그 아름다움과는 반대로 짧고 굵은 턱이 매우 강하고 성격도 거칠다. 중량감 있는 몸무게를 자랑하는 늠름한 타란두스광사슴벌레를 상대로 한국 왕사슴벌레는 어떤 공격을 펼치게 될까?

한국 왕사슴벌레, 자신 있게 공격!

한국 왕사슴벌레가 큰턱을 앞세우고 타란두스광사슴벌레를 향해 돌진한다. 큰턱으로 타란두스광사슴벌레를 들어 올린 다음 던지기 기술을 선보이며 배틀을 끝내 버릴 계획이다.

공격을 받은 타란두스광사슴벌레도 한국 왕사슴벌레에게 큰턱을 끼운다. 강력한 큰턱으로 한국 왕사슴벌레의 공격을 확실하게 방어한 것이다.

스페셜 배틀

타란두스광사슴벌레 홍코너

타란두스광사슴벌레, 승부를 가르는 역습!

타란두스광사슴벌레는 한국 왕사슴벌레를 1개의 큰턱에 끼워 들어 올린다. 큰턱 1개로 왕사슴벌레의 몸이 공중으로 떠오른다.

POWER UP!

큰턱 공격에 나가떨어지다!

타란두스광사슴벌레는 그대로 한국 왕사슴벌레를 집어던지고 승리를 거둔다. 만일 다음 배틀에서 지면 한국 왕사슴벌레는 3연패가 된다. 과연 한국 왕사슴벌레의 운명은?

타란두스광사슴벌레의 턱은 굵고 짧아서 상대에게 닿기 어렵다. 하지만 닿기만 하면 상대에게 강한 파워를 전달할 수 있다. 큰턱 1개만으로 한국 왕사슴벌레를 던져 버리고 자신의 능력을 증명한 것이다.

WINNER: 타란두스광사슴벌레

스페셜 배틀 ❷

일곱 빛깔의 갑옷을 입은 전사

뮤엘러리사슴벌레
Rainbow stag beetle

방어 무기

위장 기술!
빛의 각도에 따라 몸 빛깔이 다르게 보인다. 이를 이용해 천적을 피할 수 있다.

★ 성인 남성과의 비교 ★

한국 왕사슴벌레 vs 세계 사슴벌레

영문 이름을 보면 알 수 있듯이 몸 전체가 일곱 가지 무지개 빛깔로 반짝인다. 빛을 받는 각도에 따라 여러 가지 색을 띠기 때문에 '무지개 사슴벌레'라고도 불린다. 다른 곤충과는 달리 낮에 활동하기도 하는데, 무지개 색을 가진 몸이 햇빛을 반사시켜 체온이 올라가는 것을 막아 준다.

분류	딱정벌레목>사슴벌렛과>뮤엘러리사슴벌레속
먹이	나뭇진, 익은 과일
사는곳	나무의 구멍, 나무껍질의 갈라진 틈
습성	잘 돌아다니지 않고 자기 자리를 지킨다.
몸길이	25~70mm

서식지: 오스트레일리아 북동부

무엇이든 집어 올리는
갈고리 모양의 큰턱

뮤엘러리사슴벌레의 큰턱은 위쪽으로 둥글게 굽은 반달 모양이다. 이 큰턱은 상대를 들어 올려 내던지는 힘이 무척 강하다. 큰턱의 끝이 평평하고 양쪽으로 갈라져 있어 마치 사람의 손이나 갈고리처럼 무엇을 잡기에 매우 편리하다. 적이 나타나면 큰턱을 손처럼 길게 뻗어서 재빠르게 제압해 버린다.

청코너 한국 왕사슴벌레

오스트레일리아의 일곱 빛깔 전사, 뮤엘러리사슴벌레가 한국 왕사슴벌레에게 도전장을 던졌다. 뮤엘러리사슴벌레의 몸에서 발하는 빛은 새를 기죽이기도 하고 식물들 사이에서 위장용으로도 이용된다. 모습뿐만 아니라 전술도 변화무쌍해서 배틀에서 어떤 공격을 펼칠지 예상할 수 없다. 지금까지 패배만을 이어 오고 있는 한국 왕사슴벌레, 이번에는 승리할 수 있을지 궁금하다.

START!

뮤엘러리사슴벌레, 과감한 공격!

한국 왕사슴벌레를 향해 정면으로 돌진하는 뮤엘러리사슴벌레! 큰턱을 이용해 적을 들어 올려 던져 버릴 계획이다. 조금 뒤 한국 왕사슴벌레의 몸 절반이 위로 들어 올려진다.

한국 왕사슴벌레는 어떠한 공격도 시도하지 않는다. 뮤엘러리사슴벌레는 두 번, 세 번이나 반복해서 공격해 보지만 적을 쓰러뜨릴 정도의 결정타를 날리지는 못한다.

★ 스페셜 배틀 ★ 뮤엘러리사슴벌레 홍코너

POWER UP!

한국 왕사슴벌레, 빈틈 공격!

뮤엘러리사슴벌레가 또다시 돌격! 이번에는 한국 왕사슴벌레가 공격을 피한다. 갑작스러운 적의 움직임에 당황한 뮤엘러리사슴벌레! 한국 왕사슴벌레는 이때를 놓치지 않고 큰턱으로 뮤엘러리사슴벌레를 들어 올린다.

뮤엘러리사슴벌레는 허공에서 발버둥을 쳐 보지만 게임은 이미 끝이 난 것 같다. 한국 왕사슴벌레는 던지기로 승리를 거둔다.

한국 왕사슴벌레 드디어 승리!

한국 왕사슴벌레가 처음에는 뮤엘러리사슴벌레에게 밀리는 듯했지만 상대의 빈틈을 찾아내 결정적인 한 방을 날리고 승리를 거두었다. 한국 왕사슴벌레의 첫 승리다.

WINNER 한국 왕사슴벌레

스페셜 배틀 ❷

곤충계 무적의 투우
장대뿔쌍집게사슴벌레
Mandibularis stag beetle

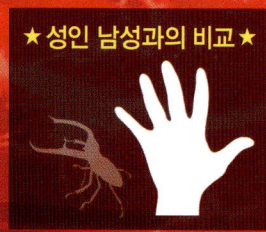
★ 성인 남성과의 비교 ★

공격 무기

무시무시한 전투력!
성질이 매우 거칠고 사나워서
'날뛰는 소'라고도 불린다.
자신보다 거대한 곤충을 공격할
정도로 전투력이 강한 파이터다.

한국 왕사슴벌레 VS 세계 사슴벌레

약 12cm나 되는 거대한 몸에 어울리지 않게 상당히 재빠르다. 대부분 몸이 검은빛을 띠지만 붉은빛을 띠는 것도 있다. 물소의 뿔을 연상하게 하는 큰턱의 모습에서 '만디블라리스(턱)'라는 이름이 붙여졌다. 야행성이지만 나무가 울창한 어두운 열대 우림에 서식하므로 낮에 활동하기도 한다.

분류	딱정벌레목>사슴벌렛과>큰턱사슴벌레속
먹이	나뭇진, 익은 과일
사는곳	나무의 구멍, 나무껍질의 갈라진 틈
습성	굉장히 거칠어 암컷과도 싸운다.
몸길이	38~118mm

서식지: 보르네오섬, 수마트라섬

공격 필살기
적과 싸우기 위해 진화한
강력한 큰턱

큰턱이 긴 것이 가장 큰 특징이다. 큰턱 중앙에 큰 이빨이 있고, 안쪽에도 가늘고 들쭉날쭉하게 생긴 이빨이 있다. 이 이빨이 미끄러지는 것을 방지하는 역할을 해 상대를 턱에 쉽게 끼울 수 있다. 또한 큰턱이 아래쪽으로 뻗어 있는 것도 상대의 몸을 쉽게 끼우는 데 도움이 된다. 사나운 코카서스왕장수풍뎅이에게 싸움을 걸 정도로 투쟁심이 강하다.

청코너 한국 왕사슴벌레

네 번째 배틀을 위해 대기하고 있는 파이터는 인도네시아의 '날뛰는 소'라고 불리는 장대뿔쌍집게사슴벌레다. 영문 이름인 '만디블라리스'는 큼직하고 긴 활 모양의 굽은 큰턱에서 유래되었다. 이 큰턱을 높이 치켜든 위협적인 자세만으로도 상대를 달아나게 할 수 있다고 한다. 지난 배틀에서 승리한 한국 왕사슴벌레가 장대뿔쌍집게사슴벌레를 상대로 또 승리할 수 있을지 궁금하다.

승부를 알 수 없는 막상막하의 대결!

START!

장대뿔쌍집게사슴벌레, 상대를 압박하는 위협 작전!

배틀 시작과 동시에 장대뿔쌍집게사슴벌레가 위협적인 자세를 취한다. 조심성 없이 자신을 향해 다가오는 상대를 잡아 버릴 태세다.

한국 왕사슴벌레와 장대뿔쌍집게사슴벌레가 큰턱을 서로 부딪치면서 밀고 당기기를 반복한다. 대결은 장기전이 될 것 같다.

★ 스페셜 배틀 | 장대뿔쌍집게사슴벌레 홍코너

POWER UP!

한국 왕사슴벌레, 던지기 기술로 진가 발휘!

맞붙어 있는 상태가 계속되던 중 한국 왕사슴벌레가 맹렬히 돌진한다. 서로의 큰턱이 서로의 몸을 들어 올리는 광경이 펼쳐진다. 힘과 힘이 정면에서 부딪치면서 대결이 절정을 맞는다.

팽팽하게 맞선 강력한 큰턱!

한국 왕사슴벌레의 힘에 밀려 장대뿔쌍집게사슴벌레의 몸이 기울어진다. 한국 왕사슴벌레는 그대로 적의 몸을 뒤집어 버린다.

두 파이터 모두 막상막하의 실력으로 멋진 대결을 보여 주었다. 한국 왕사슴벌레 대 세계 사슴벌레가 2대 2 동점을 기록하면서 한국 왕사슴벌레는 한국 대표 파이터로서 새로운 각오를 다짐한다.

WINNER: 한국 왕사슴벌레

스페셜 배틀 ❷

무시무시한 칼날
기라파톱사슴벌레
Giraffe stag beetle

공격 무기

던지기 기술!
긴 큰턱으로 상대를 들어 올려 내던진다.

★성인 남성과의 비교★

한국 왕사슴벌레 vs 세계 사슴벌레

최대 크기가 12cm나 되는 세계 최대급의 사슴벌레다. 몸길이의 절반을 차지할 정도로 길게 발달해 있는 큰턱이 가장 큰 특징이며, 성격이 매우 사나운 편이다. 같은 종류라도 출생지에 따라 모양이 다르고, 몸이 길수록 턱이 많이 굽어 있다. 큰턱 끝에 큰 이빨과 가는 이빨이 톱처럼 달려 있다.

분류	딱정벌레목>사슴벌렛과>톱사슴벌레속
먹이	나뭇진, 익은 과일
사는곳	나무의 구멍, 나무껍질의 갈라진 틈
습성	적을 발견하면 바로 공격한다.
몸길이	30~120mm

서식지: 인도, 동남아시아

공격 필살기
기린의 이름을 딴 사슴벌레계
세계 제일의 긴 턱

기라파란 라틴어로 '기린'을 뜻하는데, 이름으로 짐작할 수 있듯이 큰턱의 길이가 세계 제일을 자랑한다. 상대를 큰턱에 끼우는 힘은 그다지 강하지 않지만 들어 올리는 힘이 매우 강하다. 적이 돌진해 오면 부딪치기 전에 적의 몸을 큰턱에 끼워서 특기인 백드롭(상대의 허리를 뒤에서 감아 자기 몸을 뒤쪽으로 젖혀서 넘겨 던지는 기술)으로 집어 던진다.

청코너 한국 왕사슴벌레

한국 왕사슴벌레와의 마지막 배틀에 기라파톱사슴벌레가 대기하고 있다. 남아시아에 널리 분포하는 세계 최대의 사슴벌레인 기라파톱사슴벌레는 매우 길고 큰 턱을 갖고 있다. 큰턱 밑부분에 있는 이빨은 칼날처럼 날카로워서 다른 사슴벌레나 장수풍뎅이의 턱을 둘로 쪼개 버릴 수 있다. 이런 무시무시한 파이터에 맞서는 한국 왕사슴벌레의 마지막 배틀이 지금 시작된다.

정면으로 승부를 걸다!

기라파톱사슴벌레, 큰턱 공격!

START!

기라파톱사슴벌레가 먼저 싸움을 시작한다. 큰턱을 좌우로 펼쳐 한국 왕사슴벌레를 끼우려고 한다. 날카로운 큰턱이 한국 왕사슴벌레를 잡는 데 성공한다.

한국 왕사슴벌레도 물러서지 않고 큰턱을 높이 올려 기라파톱사슴벌레를 향해 공격을 퍼붓는다. 용맹스러운 의지로 정면 승부를 건다.

스페셜 배틀 — 기라파톱사슴벌레 홍코너

POWER UP!

한국 왕사슴벌레, 최대의 위기!

두 파이터가 큰턱을 맞대고 힘겨루기를 계속 하다가 한국 왕사슴벌레가 한쪽으로 서서히 밀리기 시작한다. 한국 왕사슴벌레는 최대 위기를 맞는다.

큰턱의 위력을 보여 주다!

한국 왕사슴벌레는 가슴과 큰턱으로 저항해 보지만 기라파톱사슴벌레가 결국 한국 왕사슴벌레를 들어 올리더니 내던져 버린다.

기라파톱사슴벌레의 긴 턱이 제대로 위력을 발휘한 배틀이었다. 한국 왕사슴벌레는 2승 3패라는 아쉬운 점수로 스페셜 배틀을 마감했다.

WINNER 기라파톱사슴벌레

스페셜 배틀 ❷ 평가

두 번째 스페셜 배틀에 출전한 한국 왕사슴벌레는
2승 3패로 아쉽게 패배하였다. 승패를 가르는 포인트는 무엇이었을까?

체격의 차이가 승부를 좌우하다!

장수풍뎅이가 출전했던 첫 번째 스페셜 배틀처럼 작은 체격이 유리한 대결은 없었다. 이는 사슴벌레와 장수풍뎅이의 기본 전술이 조금 다르기 때문이다. 사슴벌레의 기본 전술은 끼우기, 들어 올리기, 던지기다. 사슴벌레가 끼우기 공격을 할 때는 장수풍뎅이가 체격이 큰 상대를 끼우기 공격으로 제압해 꼼짝 못하게 할 때처럼 체격이 작을수록 유리하다. 하지만 들어 올리기 공격과 던지기 공격을 할 때는 체격이 작을수록 불리할 수밖에 없다.

그런 전제를 두고 생각해 보면 체격이 불리하면서도 세계 사슴벌레를 상대로 2승을 거둔 왕사슴벌레는 훌륭하게 싸운 셈이다.

한국 왕사슴벌레는 뮤엘러리사슴벌레의 빈틈을 찾아내 결정적인 한 방을 날리고 승리를 거두었다.

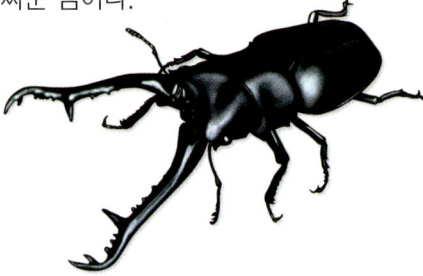

세계 제일의 긴 턱으로 상대의 턱을 쪼개 버릴 수 있는 기라파톱사슴벌레! 하지만 강력한 턱 공격에도 한국 왕사슴벌레의 턱은 무사할 수 있었다.

팔라완왕넓적사슴벌레가 한국 왕사슴벌레를 상대로 펼친 던지기 기술은 마치 멋진 유도 경기의 한 장면 같았다.

최강 곤충 상식
능력별 최강 곤충

지금까지 소개한 곤충의 능력 이외에도 곤충에게는 어떤 능력이 있는지
살펴보고, 《최강왕 곤충 배틀》에 등장하는 곤충 중에서
각각의 능력별 최강 곤충은 누구인지 알아본다.

몸길이 No.1 아마존왕지네

따뜻한 지역에 서식하는 지네일수록 몸이 크게 성장한다. 아마존왕지네도 이름을 보면 짐작할 수 있듯이 페루와 브라질 등 남아메리카의 열대 우림에 서식하고 있다. 20~30cm의 개체가 대부분이지만 40cm나 되는 개체도 발견된다.

독침의 통증 No.1 콩가개미

아프리카의 곤충학자 저스틴 슈미트는 곤충의 독침이 주는 통증을 1~4단계로 분류했다. 이 분류에 따르면, 콩가개미의 독침에 찔렸을 때의 통증은 가장 높은 4단계에 해당한다고 한다. 이 통증의 정도를 비유적으로 표현하면 '녹슨 대못을 발바닥에 박은 상태에서 벌겋게 타는 숯 위를 걸어가는 듯한 통증'이라고 할 수 있다.

알을 많이 낳는 곤충 No.1 남가뢰

남가뢰 암컷은 알을 많이 낳는 곤충으로 유명하다. 많은 알의 대부분이 다른 곤충의 먹이가 되어 살아남는 알이 몇 개 되지 않기 때문이다. 남가뢰의 암컷은 한 번에 수천 마리나 되는 알을 낳기 때문에 왼쪽 그림의 남가뢰 수컷보다 큰 배를 가지고 있다.

반사 신경 No.1 먹바퀴

먹바퀴는 1초 동안 1m를 이동할 수 있는 스피드뿐 아니라 뛰어난 반사 신경도 가지고 있다. 먹바퀴는 머리와 꼬리 두 부분에 뇌를 가지고 있다. 따라서 꼬리의 정보는 꼬리에 있는 뇌의 신경을 통해 그대로 다리에 전달되므로 반사 속도가 빠르게 나타나는 것이다.

적응력 No.1 물장군

물장군은 토너먼트 배틀에서 좋은 성적을 거두지는 못했지만 배틀에 출전한 곤충들 가운데 환경에 적응하는 능력이 가장 뛰어나다. 보통은 물속에서 활동하지만 11월 전에는 육지로 올라가 풀이 무성한 그늘에서 겨울잠에 들어간다. 겨울잠에서 깨어나면 번식을 위해서 물이 있는 곳까지 날아간다. 이처럼 수중과 육지 모두에 잘 적응할 수 있다.

수명 No.1 흰개미

성충이 된 곤충의 수명은 짧으면 1일, 길어도 몇 년 정도에 불과하다. 수명이 짧은 곤충인 하루살이는 1일을 살고, 쇠파리는 2주일을 산다. 수명이 긴 곤충으로는 흰개미를 꼽을 수 있다. 흰개미의 평균 수명은 병정개미가 3~5년이고, 여왕개미가 10~15년이다. 오스트레일리아에 사는 '나스티틈스'라는 흰개미의 여왕개미는 100년 동안이나 산다고 한다.

최강 곤충왕 배틀

준결승전

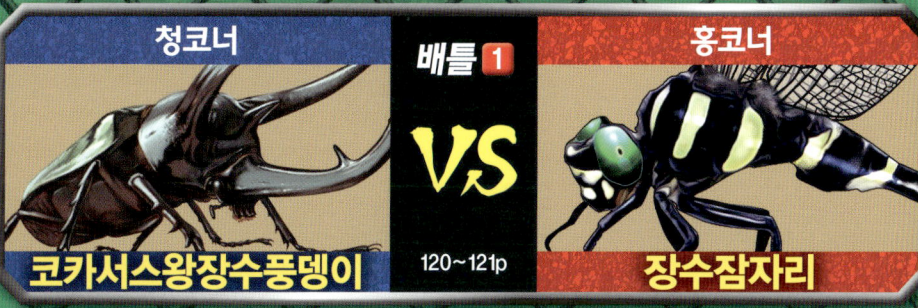

배틀 1 — 120~121p
- 청코너: 코카서스왕장수풍뎅이
- 홍코너: 장수잠자리

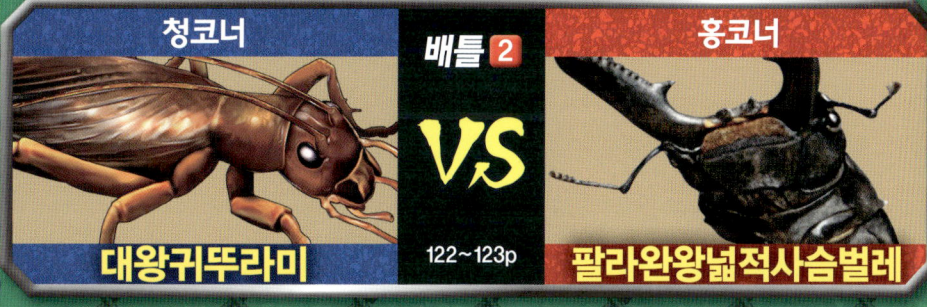

배틀 2 — 122~123p
- 청코너: 대왕귀뚜라미
- 홍코너: 팔라완왕넓적사슴벌레

막강한 실력의 곤충 파이터들이 최강 곤충왕 준결승전을 준비하고 있다. 수준급의 공격력, 방어력, 스피드를 겸비한 파이터들이 이번에는 어떤 기술을 선보일지 궁금하다. 지금까지의 격렬한 싸움을 이겨 내고 준결승전에 오른 강자들의 멋진 무대를 기대해 본다.

청코너 코카서스왕장수풍뎅이 　★★★★★ 준결승전 1

준결승전의 첫 번째 배틀은 코카서스왕장수풍뎅이와 장수잠자리의 대결이다. 배틀 무대인 나무 위에는 코카서스왕장수풍뎅이가 이미 대기하고 있다. 잠시 후 대결 상대인 장수잠자리가 우아하게 날아온다. 이번 배틀은 코카서스왕장수풍뎅이의 파워와 장수잠자리의 스피드 대결이 될 것이다. 장수잠자리가 뛰어난 스피드로 코카서스왕장수풍뎅이의 파워를 제압할 수 있을지 궁금하다.

START!

장수잠자리, 공중에서 돌격!
장수잠자리는 콩가개미와의 대결에서처럼 코카서스왕장수풍뎅이의 주위를 맴돌기 시작한다. 코카서스왕장수풍뎅이는 빠른 속도로 어지럽게 빙빙 도는 장수잠자리를 따라잡을 수 없다.

큰턱으로 등을 물어뜯다!

장수잠자리는 코카서스왕장수풍뎅이의 등 뒤로 재빠르게 날아가 큰턱으로 등을 물어뜯는다. 하지만 코카서스왕장수풍뎅이의 등이 너무 딱딱해서 뚫리지 않는다.

곤충왕 토너먼트 ★★★★★★★★ 장수잠자리 홍코너

POWER UP!

코카서스왕장수풍뎅이, 무시무시한 반격!

이번에는 장수잠자리가 코카서스왕장수풍뎅이를 들어 올려 던지려고 한다. 하지만 장수잠자리의 다리는 코카서스왕장수풍뎅이를 들기에 너무 약하다.

코카서스왕장수풍뎅이가 돌진해 3개의 뿔로 장수잠자리의 날개를 찢어 버린다. 날개를 잃은 장수잠자리는 결국 대결을 포기하고 패배를 받아들인다.

적의 허점을 찌르다!

공격 포인트! 날개를 찢은 3개의 뿔

날개를 찢는 정도로 대결이 끝났지만 날카로운 3개의 뿔로 상대의 몸을 찔러 죽이는 경우도 있다.

코카서스왕장수풍뎅이는 조심성 없이 다가오는 장수잠자리의 빈틈을 노려 일격을 가하고 결승전에 진출하게 되었다.

WINNER 코카서스왕장수풍뎅이

| 청코너 대왕귀뚜라미 | ★★★★★★★★★ 준결승전 **2** |

코카서스왕장수풍뎅이의 결승전 진출이 결정될 무렵, 다른 배틀 무대에서는
또 하나의 준결승전이 벌어졌다. 대왕귀뚜라미와 팔라완왕넓적사슴벌레의 대결이다.
두 파이터 모두 강력하고 거대한 몸이 최대 무기인 사나운 곤충들이다.
사나운 곤충들 간의 배틀에서 한쪽이 목숨을 잃게 되는 것은 불가피한 일이다.
과연 목숨을 잃는 비극의 주인공은 누가 될 것인가?

약점을 노리다!

START!

대왕귀뚜라미, 사납게 공격!

양측 모두 기세등등하게 덤벼들면서 격렬한 싸움이 시작된다. 대왕귀뚜라미는 턱으로 팔라완왕넓적사슴벌레의 등을 뚫을 수 없다고 판단하고, 약점인 배를 겨냥하기로 작전을 바꾼다.

좀처럼 배를 보여 주지 않던 팔라완왕넓적사슴벌레가 상체를 살짝 일으켜 공격을 시도한다. 이때를 놓칠 대왕귀뚜라미가 아니다. 대왕귀뚜라미는 무시무시한 속도로 팔라완왕넓적사슴벌레의 배를 향해 돌진한다.

| 곤충왕 토너먼트 | 팔라완왕넓적사슴벌레 홍코너 |

POWER UP!
팔라완왕넓적사슴벌레, 작전 성공!

안타깝게도 팔라완왕넓적사슴벌레의 큰턱에 끼이고 만 대왕귀뚜라미! 적의 빈틈을 노린 팔라완왕넓적사슴벌레의 작전에 휘말린 것이다.

대왕귀뚜라미는 어떤 반격도 할 수 없다. 결국 대왕귀뚜라미의 배에서 체액이 솟구쳐 나와 숨이 끊어지고 만다.

공격 포인트!
갈고리 이빨로 찢기

큰턱의 안쪽에 있는 톱니바퀴처럼 뾰족한 갈고리를 적의 부드러운 부위에 걸어서 찢어 버렸다.

파워, 스피드, 체격 등에서 막상막하였던 이번 대결에서 승부를 가른 것은 방어력이었다. 대왕귀뚜라미에게 딱딱한 껍질이 있었다면 배틀 결과가 달라졌을지도 모른다.

WINNER: 팔라완왕넓적사슴벌레

최강 곤충왕 준결승전 평가

장수잠자리의 스피드와 대왕귀뚜라미의 큰턱이 딱정벌레 앞에서는 그 힘을 발휘하지 못했다. 준결승전에서는 어떤 능력이 승패를 좌우했을까?

딱정벌레의 강력한 방어력!

두 배틀 모두 승패를 좌우한 것은 방어력의 차이였다. 코카서스왕장수풍뎅이의 몸을 보호하는 껍질은 단단하고 매끄럽다. 장수잠자리가 장수풍뎅이를 들어 올리기에는 무게도 무거웠겠지만 껍질이 매끄러워 쉽게 잡을 수도 없었을 것이다. 또한 팔라완왕넓적사슴벌레의 부드러운 배를 대왕귀뚜라미가 공격하려고 했지만 사슴벌레는 철통 방어를 유지하며 자신의 약점인 배를 쉽게 허락하지 않았다. 게다가 빈틈을 보이는 척해서 대왕귀뚜라미를 함정에 빠뜨리는 영리함까지 보여 주었다.

코카서스왕장수풍뎅이의 주위를 빙빙 돌던 장수잠자리! 조심성 없이 다가간 것이 패배의 원인이었을까?

준결승전 승자
코카서스왕장수풍뎅이
팔라완왕넓적사슴벌레

코카서스왕장수풍뎅이가 무시무시한 3개의 뿔로 장수잠자리의 날개를 찢어 버린다.

팔라완왕넓적사슴벌레의 큰턱은 조르기와 찢기 공격을 동시에 할 수 있는 무기다.

SPECIAL BATTLE

스페셜 배틀 ❸

작은 곤충
단체전

《최강왕 곤충 배틀》에서 마련한 스페셜 배틀 세 번째! 지금까지의 일대일 배틀과는 다른 형식의 단체전이 펼쳐진다. 곤충 배틀 예선에서 패배한 장수말벌과 콩가개미가 단체전에 출전해 흥미진진한 배틀을 선보일 것이다.

청코너	배틀 VS	홍코너
군대개미	126~129p	콩가개미
꿀벌	130~133p	장수말벌
흰개미	134~137p	일본왕개미

작은 곤충 단체전

보통의 개미처럼 한곳에 둥지를 만들어 살기보다는 20m나 되는 긴 대열을 이루어 자주 이동하면서 생활한다. 사냥도 행진을 하듯 무리를 지어 하는데, 넓적한 부채 모양의 대열을 만들고는 먹이를 사냥한다. 열대 우림이나 산림에 살며 낮은 지대의 습한 숲을 좋아한다.

분류	벌목>개밋과>군대개미속
먹이	곤충류
사는곳	이동하면서 산다.
습성	적을 발견하면 대열을 이루어 집단 공격한다.
몸길이	15~30mm

서식지: 북아메리카 일부, 남아메리카

공격 필살기
맹수도 두려움에 떨게 하는
무시무시한 포식 능력

몸은 작지만 수십만 마리가 모여서 덮치면 곤충이나 작은 동물, 때로는 말처럼 큰 동물도 포식할 수 있다. 군대개미의 턱은 길고 날카롭다. 턱 끝이 낫처럼 굽어서 먹잇감이라고 생각하고 한번 물면 찢어질 때까지 턱을 떼지 않는다. 무리의 단결력과 흉악함 때문에 재규어 같은 사나운 동물조차 군대개미를 보면 놀라 달아나기도 한다.

청코너 군대개미

세 번째 스페셜 배틀은 작은 곤충들을 위한 단체전이다. 무엇이든지 먹어 치우는 곤충계의 청소부, 군대개미와 예선 ❶라운드에서 독침 공격으로 왕사마귀를 누른 콩가개미가 첫 번째 배틀에 출전한다. 약 2.5cm의 콩가개미가 체격 면에서는 압도적으로 우세하지만 군대개미 집단의 힘도 매우 위협적이기 때문에 어느 쪽이 승리할지는 아무도 예측할 수 없다.

START!

콩가개미, 행군 중인 적을 공격!

군대개미의 행진을 발견한 콩가개미들이 군대개미 집단을 향해 맹렬하게 돌진한다. 그리고 그들을 둥글게 에워싼다.

군대개미는 이대로 전멸될 것인가?

체격 면에서 압도적으로 우세한 콩가개미가 큰턱으로 군대개미를 공격하기 시작한다. 군대개미도 활처럼 굽은 턱으로 대응해 보지만 체격 차이가 너무 크다. 군대개미는 이대로 전멸할 것인가……

스페셜 배틀 ★★★★★★★★★★ 콩가개미 홍코너

POWER UP!

군대개미, 병력을 투입해 적을 제압!

그때 어디선가 나타난 군대개미 집단! 이번에는 군대개미가 콩가개미들을 둘러싼다. 군대개미의 대열이 얼마나 긴지 끝이 보이지 않는다.

예상치 못한 공격에 처참히 당하다!

콩가개미들이 처음에 발견한 상대는 행군을 놓친 군대개미 집단의 일부였던 것이다. 콩가개미의 무리는 몇 만 마리나 되는 군대개미에게 순식간에 죽음을 당하고 만다.

이 배틀이 일대일 대결이었다면 몸집이 큰 콩가개미가 이겼을 테지만, 단체전이었기 때문에 군대개미가 승리할 수 있었다. 단체전에서 개체 수의 중요성을 보여 준 대결이었다.

공격 포인트! 살인적인 집단 공격

군대개미는 30~70만 마리가 거대한 집단을 형성해서 수적으로 밀어붙인다. 이런 집단 공격에 살아남을 수 있는 상대는 거의 없다.

WINNER: 군대개미

작은 곤충 단체전

꿀벌은 몇 만 마리가 모여 집단으로 생활하기도 한다. 꿀벌 무리는 한 마리의 여왕벌, 일벌, 수벌로 이루어지며, 일벌은 모두 암컷이고, 수벌의 역할은 여왕벌과 교미하는 것이다. 유충은 꽃꿀을 먹고 성장하는데, 일벌의 머리에서 분비되는 로열 젤리만 먹는 암컷 유충은 여왕벌이 된다.

분 류	벌목>꿀벌과>꿀벌속
먹 이	꽃꿀
사는곳	산지의 나무 구멍 등
습 성	온순하여 해를 주지 않으면 공격하지 않는다.
몸길이	13~17mm

서식지 한국, 일본, 중국

공격 필살기

천적을 물리치는
죽음의 무기 봉구열

꿀벌의 천적인 말벌이 벌집을 공격하면 수십 마리의 꿀벌이 말벌에 달라붙어 봉구(공 형태로 뭉치는 것)를 형성한다. 그리고 날개 근육을 세차게 진동시켜 열을 낸다. 이렇게 해서 온도를 46℃까지 뜨겁게 올려 장수말벌을 열로 데워 죽인다. '봉구열'을 내는 것은 자연에 사는 꿀벌 특유의 공격 방법이다.

청코너 꿀벌

단체전 두 번째 대결은 꿀벌의 벌집 부근에서 시작되었다. 장수말벌 여러 마리가 꿀벌의 벌집을 공격하고 있다. 장수말벌은 다른 벌의 유충이나 번데기, 심지어 죽은 무리까지도 잡아 유충에게 먹이로 준다. 따라서 장수말벌에게 꿀벌의 벌집은 식량이 저장되어 있는 대형 창고인 셈이다. 꿀벌의 벌집을 노리는 장수말벌을 상대로 과연 꿀벌이 자신의 집을 지켜 낼 수 있을지 그 결과가 궁금하다.

START!

꿀벌, 침입자 장수말벌에 봉구열 공격으로 대응!

장수말벌 무리가 입구를 지키고 있던 수많은 꿀벌을 물리치고 침입한다. 수십 마리의 꿀벌이 일제히 장수말벌에 달라붙어 날개 근육을 진동시킨다.

날개 근육을 움직이기 시작하다!

장수말벌은 46℃ 이상의 온도에서는 견디지 못하지만, 꿀벌은 50℃까지도 견딜 수 있다. 꿀벌은 온도를 46℃까지 올려 장수말벌들을 데워 죽일 계획이다.

★★ 스페셜 배틀 ★★★★★★★★★★★★★★★★★★ 장수말벌 홍코너

장수말벌, 끈질기게 공격!

이미 수많은 꿀벌들이 장수말벌에게 공격을 당했기 때문에 봉구열을 발생시킬 꿀벌의 수가 모자르다.

POWER UP!

돌진하는 꿀벌들을 물어 죽이는 장수말벌! 꿀벌들의 수가 점점 줄어들기 시작한다. 벌집 안팎으로 꿀벌의 시체가 산처럼 쌓여 간다. 장수말벌의 완벽한 승리다.

공격 포인트! 재빠른 큰턱 공격

장수말벌이 꿀벌을 큰턱으로 물어서 죽이는 데는 단 1초도 걸리지 않는다.

벌집을 침입한 장수말벌이 단 몇 마리에 불과했다면 꿀벌은 봉구열을 발생시켜 무찌를 수 있었을 것이다. 하지만 수십 마리나 되는 장수말벌을 봉구열로 상대하는 것은 불가능한 일이었다.

WINNER: 장수말벌

스페셜 배틀 ❸

나무를 갉아 먹는 엄청난 포식자
흰개미
Subterranean termite

★ 동전과의 비교 ★

흰개미는 이름은 개미지만 사실은 바퀴벌레의 일종이다. 목조 건물에 서식하면서 나무를 갉아 먹는 해충으로 인간에게는 피해를 주는 곤충이지만 다른 곤충들에게는 좋은 단백질원이다. 자신들만 다니는 터널인 '개미 길'을 만들어 다른 곤충들이 발견하지 못하게 한다. 햇빛을 싫어하고 습한 곳을 좋아한다.

파워 / 공격력 / 순발력 / 난폭성 / 방어력

분 류	바퀴목>흰개밋과
먹 이	죽은 나무
사는곳	죽은 나무나 나무로 지은 집
습 성	나무를 순식간에 갉아 먹는다.
몸길이	5~7mm

서식지: 한대, 냉대를 제외한 모든 지역

작은 곤충 단체전

일본왕개미
검은빛 저승사자
Japanese carpenter ant

★동전과의 비교★

일본왕개미는 왕개미 종류 중 가장 흔히 볼 수 있는 왕개미이다. 곤충의 시체를 둥지로 끌고 가 먹이로 저장한다. 시체뿐만 아니라 다양한 종류의 개미를 강력한 턱과 독액으로 죽여서 포식하기도 한다. 둥지에 담흑부전나비 유충을 데려가 돌보는데, 유충은 왕개미에게 몸에서 나오는 단물을 제공해 준다.

- **파워**
- **방어력**
- **공격력**
- **난폭성**
- **순발력**

분류	벌목>개밋과>왕개미속
먹이	곤충의 시체, 곡물, 꽃꿀
사는곳	초원이나 집 부근
습성	둥지를 건드린 사람을 물기도 한다.
몸길이	7~12mm

서식지: 일본, 한국, 중국

청코너 흰개미

단체전 마지막 배틀은 흰개미와 일본왕개미의 대결이다. 썩은 나무를 먹고 사는 흰개미에게 일본왕개미가 다가간다. 흰개미는 '개미 길'이라는 터널을 만들어 일본왕개미와 같은 천적을 피해 몸을 숨기고 살아가는데, 이번 배틀처럼 마주치게 되면 목숨을 걸고 싸워야 한다. 과연 흰개미는 일본왕개미를 상대로 어떤 공격을 펼칠 것인가?

START!

흰개미, 물어뜯기 공격!
흰개미 무리를 발견한 일본왕개미들이 모여든다. 흰개미 가운데 전투에 특화된 병정개미가 전투태세를 갖춘다.

흰개미의 병정개미가 가위 모양의 턱을 이용해 일본왕개미를 물어뜯는다. 물어뜯은 뒤에는 입에서 분비물을 뿜어내 일본왕개미를 여러 차례 공격한다.

죽을 힘을 다해 물어뜯다!

스페셜 배틀

일본왕개미 홍코너

일본왕개미, 맹렬하게 적진 점령!

하지만 흰개미의 병정개미는 전체의 3%에 불과해 수적으로 많이 부족해 보인다. 게다가 피부가 얇아서 햇볕을 조금만 쬐어도 피부가 말라 버리는 약점이 있다. 흰개미가 서서히 싸움에서 밀리기 시작한다.

결국 햇볕에 몸이 바짝 말라 버린 흰개미는 적의 먹이가 되고 만다. 일본왕개미 군단은 큰턱으로 흰개미들을 물어 마침내 전멸시킨다.

POWER UP!

마침내 적을 전멸시키다!

공격 포인트! 순식간에 덮친 집단 공격

일본왕개미가 먹잇감으로 좋아하는 흰개미를 집단으로 덮쳤다. 무대가 순식간에 검은색으로 물들여졌다.

흰개미는 일본왕개미를 비롯한 다른 생물들에게 먹잇감으로 인기가 좋다. 흰개미는 공격 기술보다는 숨는 기술이 진화했기 때문에 일본왕개미와 싸우는 것 자체가 무모한 일이었다.

WINNER 일본왕개미

스페셜 배틀 ③ 평가

스페셜 배틀 단체전 결과, 수적으로 우세하다고 반드시 승리하는 것은 아니라는 점이 증명되었다. 단체전에서 중요한 것은 전략이었다!

수적 우세보다는 전략이었다!

단체전 첫 번째 배틀에서는 군대개미가 콩가개미를 수적으로 밀어붙여 승리하였다. 일대일 배틀이었다면 체격 차이로 이길 수 없었을 대결이었지만 여러 마리가 무리를 지어 한 마리씩 공격하여 성공했다. 그와 반대로 두 번째 배틀에서는 수십 마리의 장수말벌에 맞서 싸운 수만 마리의 꿀벌이 전멸당하고 말았다. 장수말벌과 꿀벌은 개별 실력 차이가 매우 크다. 이런 경우에는 수적으로 밀어붙이는 것이 아무 의미가 없다. 개별 능력이 상대보다 떨어지는 흰개미의 경우도 그 수가 더 많았더라도 전략을 잘 세우지 않는 한 일본왕개미를 이기지 못했을 것이다.

콩가개미는 몇 만 마리나 되는 군대개미에게 순식간에 죽음을 당했다.

배틀이 길어지자, 햇볕에 약한 흰개미가 서서히 밀리더니 결국 패하고 말았다.

작은 곤충 단체전 승자
군대개미 장수말벌 일본왕개미

꿀벌의 봉구열 공격도 수십 마리나 되는 장수말벌의 침입을 막을 수는 없었다.

최강 곤충 상식

멸종된 거대 곤충들

다른 생물에 비해 곤충은 체격이 작은 편이지만, 다양한 생물이 출현한 고대의 고생대에는 믿기 어려울 정도로 거대한 곤충도 존재했다.

메가네우라 / Meganeura

고대 하늘을 누빈 거대 잠자리

고생대(약 5억 8000만 년 전~약 2억 2500만 년 전)의 석탄기에 존재했던 거대 잠자리다. 석탄기는 고생대를 나눈 6개의 기 중 다섯 번째 기로, 1822년 영국의 '코니베어'라는 지질학자가 석탄층을 많이 포함하였다는 뜻으로 '석탄기'라고 이름을 붙였다.

메가네우라는 양쪽 날개를 다 펼쳤을 때 한쪽 날개 끝에서 다른 쪽 날개 끝까지의 길이가 70cm에 이르렀으며, 오늘날의 잠자리와 매우 비슷하게 생겼다. 하지만 현대의 잠자리보다 원시적인 종에 속하기 때문에 날개도 원시적이어서, 장수잠자리처럼 자유자재로 날아다니거나 날개를 접고 멈추는 등의 활동은 할 수 없었을 것이다. 바람을 타고 하늘을 활공(날개를 움직이지 않고 비행함)하면서 가끔씩 날갯짓을 했던 것으로 추정한다.

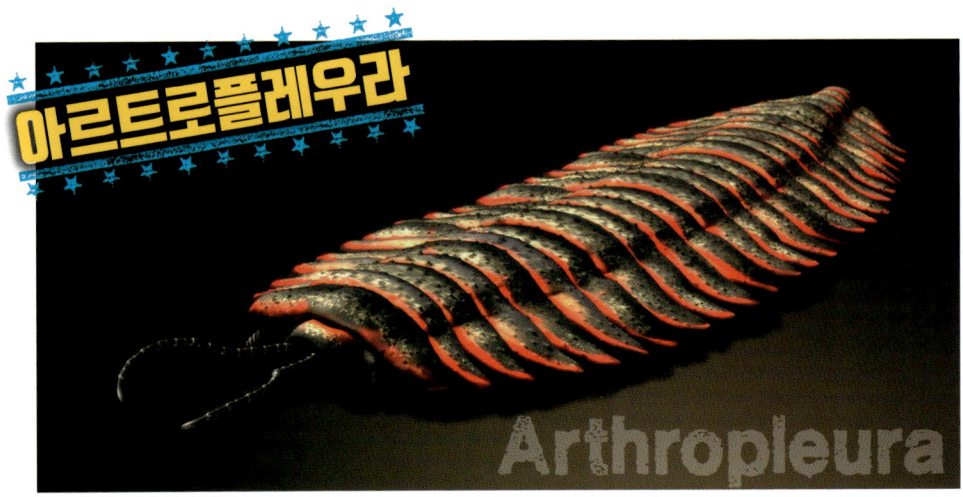

초대형 절지동물

메가네우라가 살았던 석탄기에는 거대 곤충과 절지동물이 많이 존재했다. 아르트로플레우라도 그중 하나였다. 역사상 최대의 절지동물이라고 불리는 이 생물은 몸길이가 최소 30cm에서 최대 2.5m에 달했으며, 몸무게가 무려 500kg이나 나가는 것도 있었다. 오늘날의 노래기를 닮았으며 몸통에 붙은 수많은 다리로 숲속을 기어 다녔다. 위압감을 주는 겉모습과는 다르게 식성은 초식성이었다.

6개의 날개를 가진 하루살이

석탄기에 존재했던 거대 곤충으로 2쌍의 날개 앞에 1쌍의 퇴화된 날개가 있어 모두 6개의 날개를 가졌다. 오늘날의 잠자리와 비슷하게 생겼지만 하루살이의 일종이다. 스테노딕티야는 석탄기에 나타나 하늘을 지배한 곤충 중 하나로 알려져 있다. 큰 날개 4개를 펼치면 전체 길이가 10cm 정도나 된다고 한다. 배 부분에 천적으로부터 자신을 보호하기 위한 가시들이 달려 있는 것이 가장 큰 특징이다. 식성은 초식성이며 긴 주둥이로 양치식물의 즙을 빨아 먹으며 살았다.

바퀴벌레의 선조

석탄기에 서식했던 곤충으로 바퀴벌레의 선조로 알려져 있으며, 사마귀와 대벌레도
이 곤충을 선조로 두고 있다. 몸길이는 16cm 정도이며 열대 지방에 서식하면서 작은 곤충을
잡아먹는 육식 곤충이었다. 외형적인 모습은 흔히 바퀴벌레 같은 모습으로
복원되어 있지만 현재의 바퀴벌레와는 생김새가 많이 달랐을 것이며, 바퀴벌레와
메뚜기를 합쳐 놓은 모습처럼 생겼을 것으로 추정한다.

바다에 사는 거대 전갈

프테리고투스는 바다에 서식했던 거대 절지동물로, 일명 바다전갈이라고 불린다. 고생대의
세 번째 기인 실루리아기와 네 번째 기인 데본기에 살았으며, 2m 정도의 몸길이로 당시의
바다전갈들 중에서 가장 큰 덩치를 자랑했다. 보통의 전갈에게 있는 꼬리마디는 없고,
집게발은 배의 노 모양으로 되어 있어 상당히 능숙하게 헤엄쳤을 것으로 짐작된다. 꼬리
끝에는 수직으로 우뚝 솟은 꼬리날개가 있다. 이 꼬리날개가 자세를 제어해 주는 역할을
했다는 설도 있다.

아르크티누루스

위장술이 뛰어난 거대 삼엽충

고생대의 세 번째 기인 실루리아기에 등장한 13~30cm나 되는 삼엽충이다. 바다 밑을 걸어 다녔으며, 진흙을 벗겨 내고 미생물과 썩은 식물을 먹었다. 몸 전체가 돌기로 덮여 있으며 식물의 잎을 닮은 꼬리는 몸을 보호하기 위한 위장전술용으로 의태의 시초라는 설도 있다. 몸 전체가 넓은 것은 서식하던 바다 밑 진흙이 너무 부드러워서 가라앉지 않도록 표면적을 넓혀 진화했기 때문이라고 짐작된다.

고대 곤충이 거대했던 이유

석탄기에는 대기 중의 산소 함량이 오늘날보다 많았을 것으로 추정되는데, 이로 인해 곤충들이 사용 가능한 산소의 양이 많았고, 곤충들은 이를 이용하여 자신의 크기를 키웠을 것이다. 이로써 거대 곤충들이 대기 중의 산소 농도 변화에 민감했을 것으로 추정한다. 석탄기 이후 산소 함량이 떨어지면서 자신의 거대한 크기를 유지할 수 있을 만큼의 산소를 공급받지 못하면서, 거대 곤충은 멸종되거나 작은 크기의 곤충으로 진화하게 되었다.

최강 곤충왕 배틀

결승전

홍코너 **팔라완왕넓적사슴벌레**

코카서스왕장수풍뎅이 청코너

최강 곤충왕 결승전에 올라온 팔라완왕넓적사슴벌레와 코카서스왕장수풍뎅이 모두 치열한 배틀에서 살아남은 최강의 곤충들이다. 그러나 토너먼트 배틀에서 두 영웅이 존재할 수는 없는 법! 최강 곤충왕의 자리에 앉을 수 있는 곤충은 단 한 마리뿐이다. 과연 그 영광은 누구에게 돌아갈 것인가?

청코너 코카서스왕장수풍뎅이 ★★★★★★★★★ 결승전

드디어 최강 곤충왕을 결정하는 결승전이 되었다. 결승전 배틀 무대에는 커다란 상수리나무가 준비되었다. 예상대로 결승전에 올라온 파이터는 영원한 라이벌인 코카서스왕장수풍뎅이와 팔라완왕넓적사슴벌레! 파워, 스피드, 체격, 방어력에서 우열을 가리기 힘든 파이터들이다. 치열한 토너먼트 배틀에서 승리하고 여기까지 올라온 두 파이터 중 최강 곤충왕 타이틀의 주인공은 누가 될 것인가?

START!
코카서스왕장수풍뎅이, 맹렬한 공격!

양측이 대치하고 있는 모습을 보니 코카서스왕장수풍뎅이의 길고 뾰족한 뿔이 더 유리해 보인다. 팔라완왕넓적사슴벌레를 향해 돌진하는 코카서스왕장수풍뎅이!

코카서스왕장수풍뎅이는 뿔로 찌르기 공격을 퍼붓는다. 계속된 공격에 팔라완왕넓적사슴벌레가 기가 죽은 듯 보이자, 뿔로 배를 찌른 다음 3개의 뿔로 들어 올리기를 시도한다.

곤충왕 토너먼트 ★★★★★ 팔라완왕넓적사슴벌레 홍코너

POWER UP!

팔라완왕넓적사슴벌레, 역전의 던지기!

팔라완왕넓적사슴벌레가 나무에 다리를 단단히 걸고 꿈쩍도 하지 않는다. 코카서스왕장수풍뎅이가 잠시 멈추고 다시 한 번 들어 올리기 위해 힘을 모은다.

던지기 기술로 역전에 성공하다!

바로 이때, 팔라완왕넓적사슴벌레가 코카서스왕장수풍뎅이를 턱에 끼운 후 번쩍 들어 올린다. 나무 아래로 던져 버리자, 드디어 최종 승부가 가려졌다.

공격 포인트! 최강의 큰턱

코카서스왕장수풍뎅이도 약하지는 않았지만 팔라완왕넓적사슴벌레의 큰턱 힘을 이길 수는 없었다.

배틀 초반 코카서스왕장수풍뎅이는 자신의 승리를 확신하고 방심했다. 결국 팔라완왕넓적사슴벌레가 최대의 위기를 기회로 바꿔 승리를 쟁취하고 최강 곤충왕이 되었다.

WINNER: 팔라완왕넓적사슴벌레

최강 곤충왕 결승전 평가

장수풍뎅이와 사슴벌레의 싸움이었던 결승전의 막이 내렸다.
우열을 가릴 수 없었던 배틀에서 양측의 운명을 가른 포인트는 무엇이었을까?

뿔과 턱의 차이가 가른 최후의 역전극!

배틀 초반, 코카서스왕장수풍뎅이가 맹렬하게 공격을 시작하며 배틀을 이끌어갔다. 코카서스왕장수풍뎅이는 한 번에 팔라완왕넓적사슴벌레의 배에 뿔을 박아 그대로 던지는 필살기 공격을 시도했다. 하지만 이 시점에서 장수풍뎅이의 뿔과 사슴벌레의 턱 모양의 차이가 운명을 갈랐다.
장수풍뎅이의 뿔은 밑에서 들어올리기가 특기인데 사슴벌레가 그 상태를 견디고 있는 동안, 들어 올리는 자세를 취한 장수풍뎅이가 사슴벌레의 큰턱에 끼어 버린 것이다. 적의 가슴에 뛰어드는 것은 좋은 방법이지만 기술이 확실하지 않을 경우 오히려 궁지에 빠지게 된다. 이때의 기회를 놓치지 않고 역전의 던지기 기술을 선보인 팔라완왕넓적사슴벌레가 확실히 우세했다.

코카서스왕장수풍뎅이도 강력한 곤충 중의 하나이기 때문에 또다시 대결할 기회가 있다면 승자는 코카서스왕장수풍뎅이가 될 수도 있다.

팔라완왕넓적사슴벌레는 나무에 다리를 걸고 코카서스왕장수풍뎅이의 공격에도 꿈쩍하지 않으며 다리의 강인함을 과시했다.

팔라완왕넓적사슴벌레는 상대의 공격을 정면에서 맞대응하면서 최강 곤충왕의 이름에 걸맞는 멋진 모습을 보여 주었다.

최강 곤충 배틀 최종 우승자!

드디어 최강 곤충왕이 탄생했다. 그 영광의 주인공은 바로 팔라완왕넓적사슴벌레! 치열한 토너먼트에서 살아남은 팔라완왕넓적사슴벌레에게 축하의 박수를 보낸다.

팔라완왕넓적사슴벌레

INSECT 최강 곤충왕 WINNER

장수풍뎅이, ? 도 끌 수 있다!

스페셜 배틀에서 자기보다 큰 상대를 집어 던진 장수풍뎅이!
인간의 크기로 변신하면 과연 어느 정도의 힘을 발휘할 수 있을까?

1.2t(톤) 트럭을 끌다!

장수풍뎅이가 잡아당기는 힘은 자기 체중의 거의 20배나 된다고 한다. 장수풍뎅이가 평균 남성만큼 커져 평균 체중인 60kg이 된다면, 1.2t의 트럭을 끌어당길 수 있다.
사람도 트럭을 끌어당길 수 있는 경우가 있지만, 그것은 타이어가 달려 있기 때문에 가능한 것이며, 타이어 없는 트럭을 사람의 힘으로 끌기란 매우 힘든 일이다.

2.4t(톤)의 무게도 견디다!

무게를 견디는 힘을 알아보기 위해 체중 60kg의 장수풍뎅이 몸에 2.4t의 무게를 얹었다. 그러나 장수풍뎅이의 몸은 찌그러지지 않았다. 즉 장수풍뎅이는 자기 체중의 40배나 되는 무게를 견딜 수 있다는 말이다. 사람이라면 그 무게를 도저히 감당하지 못하고 바로 찌그러질 것이다.

메뚜기, ? 보다 높이 뛸 수 있다!

뛰어난 점프력을 자랑하는 곤충계 높이뛰기 선수 메뚜기!
만약 메뚜기가 사람의 크기가 되면 얼마나 높이 점프할 수 있을까?

4층 빌딩을 뛰어오르다!

몸길이의 8배나 되는 높이를 뛰어오를 수 있는 메뚜기가 남성의 평균 키 170cm가 되어 점프에 도전한다면, 무려 13m나 되는 4층 빌딩을 여유 있게 뛰어오를 수 있다. 이 정도의 뛰어오르기를 가능하게 하는 것은 뒷다리의 외골격에 있는 '레실린'이라는 단백질의 탄성 덕분이다. 레실린은 고무의 3~4배 정도로 탄력이 높다고 한다.

멀리뛰기 선수로 세계 신기록을 기록하다!

메뚜기는 몸길이의 약 20배나 뛸 수 있다. 따라서 메뚜기가 사람의 크기가 되면 34m나 될 수 있다. 이는 멀리뛰기의 세계 신기록 8.95m를 넘어선다. 게다가 메뚜기는 다리에 힘을 모으면 도움닫기 없이 바로 그 자리에서 앞쪽으로 뛰어오를 수 있다. 이 또한 레실린의 탄성 덕분이다.

상상 3 바퀴벌레, ? 만큼 빨리 달릴 수 있다!

엄청난 스피드를 자랑하며 적을 따돌리는 바퀴벌레!
사람의 크기가 된다면 과연 어느 정도로 스피드를 낼 수 있을까?

고속철도와 나란히 빠른 속도로 달리다!

바퀴벌레가 달리는 속도는 초속 1~1.5m다. 몸길이가 작아서 시속으로는 5~6km에 불과하다. 그런데 바퀴벌레가 사람의 크기가 된다면 바로 앞에서 지나가도 보이지 않을 정도로 빨라져 최고 시속 320km까지 달릴 수 있을 것이다. 시속 200km 이상으로 달리는 고속 철도와 같은 속도로 달린다는 뜻이다.

실제로 곤충이 사람의 크기로 변한다면?

곤충이 실제로 사람의 크기로 변하더라도 이와 같은 능력들을 보일 수는 없다. 몸길이가 사람의 크기만큼 커진 곤충은 그만큼 몸무게도 수십 배가 되어 움직이기 힘들어지기 때문이다. 또 곤충의 다리 근육은 무거워진 몸무게만큼의 중력 또한 견딜 수 없을 정도로 부실할 것이다.
세 가지 상상 중에서 실현 가능성이 높은 상상은 장수풍뎅이가 자신의 몸무게의 몇 배나 되는 무게를 끌 수 있는 것 정도이다.

색인

최강 곤충왕 토너먼트

곤충명	쪽수
남가뢰	19~21
노랑쐐기나방유충	46, 48, 49
대왕귀뚜라미	39~41, 90, 91, 122, 123
말레이시아개미	23~25
먹바퀴	43~45
물장군	30, 32, 33
보석말벌	42, 44, 45, 92, 93
아마존왕지네	38, 40, 41
왕사마귀	27~29
장수말벌	22, 24, 25, 132, 133
장수잠자리	86~89, 120, 121
장수잠자리유충	31~33
코카서스왕장수풍뎅이	18, 20, 21, 59, 84, 85, 120, 121, 144, 145
콩가개미	26, 28, 29, 86~89, 128, 129
킹바분	34, 36, 37
타란툴라호크	35~37, 90, 91
팔라완왕넓적사슴벌레	47~49, 92, 93, 98, 99, 122, 123, 144, 145
황제전갈	82~85

스페셜 배틀

곤충명	쪽수
군대개미	126~129
기라파톱사슴벌레	112~115
꿀벌	130~133
넵튠장수풍뎅이	72~75
뮤엘러리사슴벌레	104~107
아틀라스장수풍뎅이	68~71
악타이온코끼리장수풍뎅이	64~67
일본왕개미	135~137
장대뿔쌍집게사슴벌레	108~111
타란두스광사슴벌레	100~103
한국 왕사슴벌레	96~115
한국 장수풍뎅이	56~75
헤라클레스장수풍뎅이	60~63
흰개미	134, 136, 137

멸종 곤충

곤충명	쪽수
메가네우라	139
스테노딕티야	140
아르크티누루스	142
아르트로플레우라	140
프로토파스마	141
프테리고투스	141